ナイチンゲール
はじまるよ!

ナイチンゲール

文／高橋うらら
絵／朝日川日和
監修／和住淑子
山本利江
（ナイチンゲール研究学会）

Gakken

人物《じんぶつ》ガイド

戦場《せんじょう》をきぼうの光《ひかり》でてらした「天使《てんし》」

ナイチンゲール

今《いま》から約《やく》200年前《ねんまえ》に生《う》まれたナイチンゲールは「看護《かんご》」の力《ちから》で、多《おお》くの命《いのち》をすくいました。

フローレンス・ナイチンゲール
（1820～1910）

イギリスのゆうふくな家《いえ》の次女《じじょ》として生《う》まれる。

ナイチンゲールが活《かつ》やくしたところ

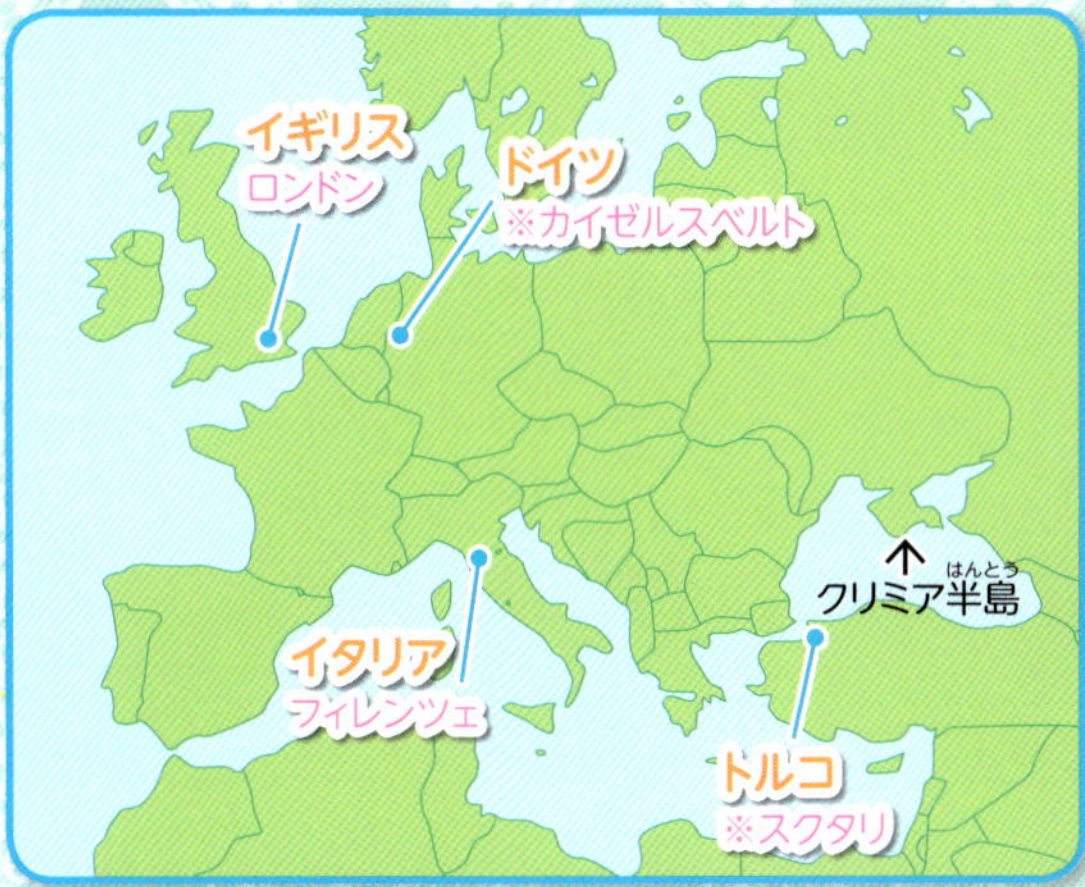

・地図《ちず》は、現在《げんざい》のものです。
・地名《ちめい》は、このお話《はなし》に出《で》てくる名前《なまえ》を使用《しよう》しています。

ナイチンゲールはイタリアのフィレンツェで生《う》まれ、イギリスで子《こ》ども時代《じだい》をすごして、おとなになります。まわりから反対《はんたい》されながらも、ドイツで看護《かんご》のくんれんをしたり、ロンドンの病院《びょういん》をまかされたりし、その後《ご》クリミア戦争《せんそう》がおこると、スクタリという戦場《せんじょう》の病院《びょういん》へ向《む》かうのです。

※カイゼルスベルトは現在《げんざい》、デュッセルドルフの一地区《ちく》。　※スクタリは現在《げんざい》のユスキュダル。

ナイチンゲールってどんな人《ひと》？

じつはクールな戦略家《せんりゃくか》！

きちんとした看護《かんご》のしくみを作《つく》るため、イギリスの女王様《じょおうさま》をも味方《みかた》につけました。

すごい勇気《ゆうき》と行動力《こうどうりょく》！

たとえおそろしい戦場《せんじょう》の病院《びょういん》であっても、人《ひと》の命《いのち》をすくうためなら、かけつけました！

おじょうさまだったナイチンゲール

お金《かね》持《も》ちの家《いえ》に生《う》まれたナイチンゲール。大《おお》きなやしき、広《ひろ》い庭《にわ》、パーティや、ドレス、ごうかな馬車《ばしゃ》……ゆたかなものに囲《かこ》まれて、くらしていました。

パーティでも人《にん》気《き》者《もの》！

あこがれの女《じょ》王《おう》陛《へい》下《か》との出《で》会《あ》い

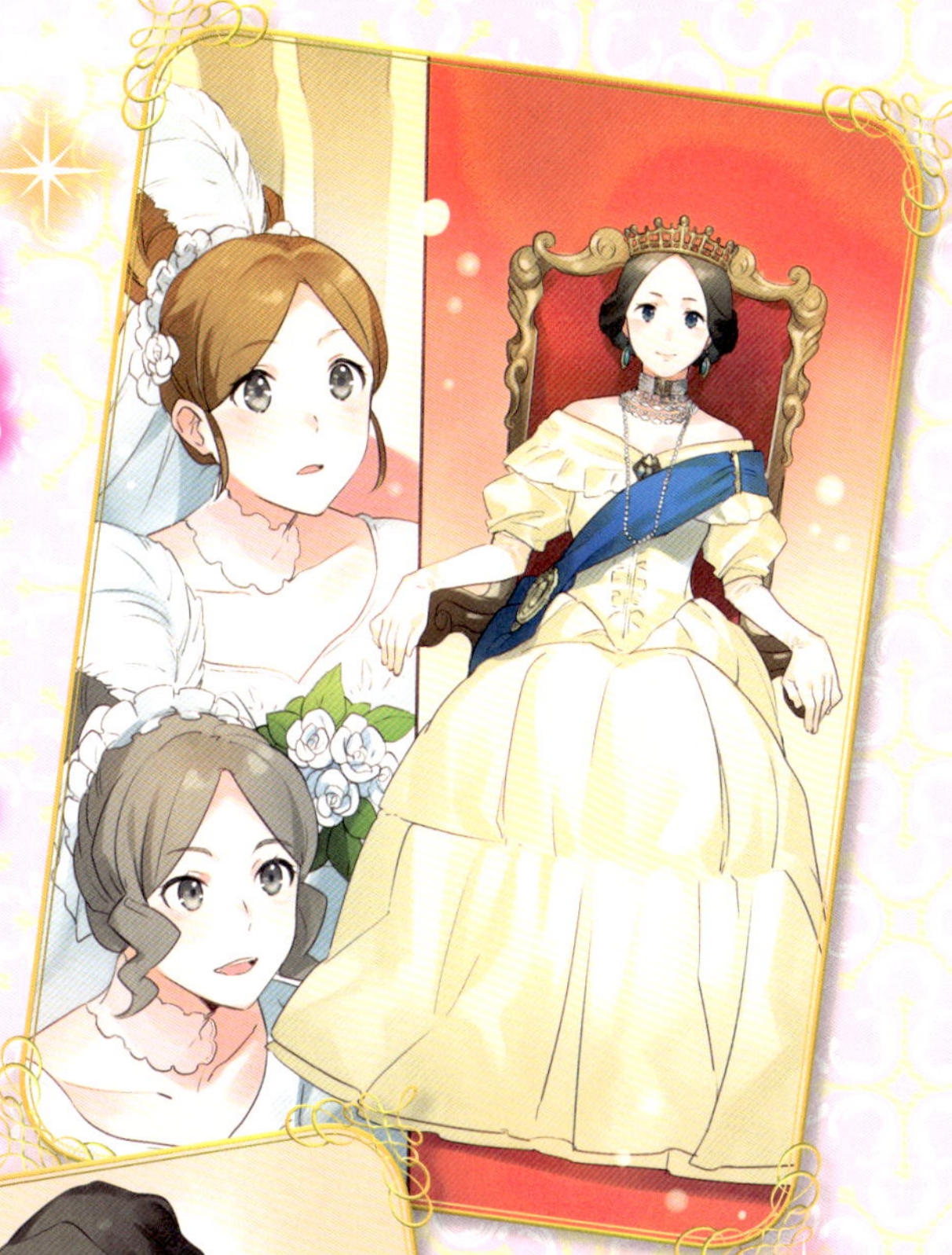

結《けっ》婚《こん》を申《もう》しこまれて……

このあと、ナイチンゲールの人《じん》生《せい》はどうなる？

めくってね

なぜナイチンゲールは看護師《かんごし》の道《みち》をえらんだのか……
お話《はなし》を読《よ》んで、もっとよく知《し》ろう!

ところが

看護師《かんごし》となり、戦場《せんじょう》の病院《びょういん》へ向《む》かう！

ナイチンゲールの時代《じだい》、ゆうふくな家《いえ》の女《おんな》の人《ひと》は、けっこんをして、家《いえ》の中《なか》のことをするのが、当《あ》たり前《まえ》だった。それでも、ナイチンゲールは、まわりの反対《はんたい》をおしきって、看護師《かんごし》の道《みち》に！

とりまく人《ひと》びと

フローレンス・ナイチンゲール

ナイチンゲール（フローレンス）の家族《かぞく》

お母《かあ》さん（ファニイ）
はなやかなことがすきで、いつもフローレンスを心配《しんぱい》している。

お父《とう》さん（ウィリアム）
学問《がくもん》が好《す》きで、フローレンスとパースに勉強《べんきょう》を教《おし》える。

おばさん（メイ）
看護師《かんごし》になりたいというフローレンスをおうえんする。

お姉《ねえ》さん（パース）
お母《かあ》さんににて、人《ひと》づきあいがすき。絵《え》がじょうず。

ナイチンゲールを

ナイチンゲールをたすけた人《ひと》たち

リチャード・モンクトン・ミルンズ
ナイチンゲールに結婚《けっこん》をもうしこみ、その後《ご》、友人《ゆうじん》としてもささえる。

ビクトリア女王《じょおう》
イギリスの女王《じょおう》。ナイチンゲールを信《しん》じ、あとおしする。

ナイチンゲールは
どんな活《かつ》やくを
するのでしょう？
その生《い》き方《かた》やひみつがわかる、
どきどきの
お話《はなし》のはじまりです！

シドニー・ハーバート
政治家《せいじか》で、ナイチンゲールにさまざまな仕事《しごと》をまかせる。

やさしく読める
ビジュアル
伝記

ナイチンゲール　もくじ

※この本《ほん》は、2018年《ねん》8月《がつ》現在《げんざい》での情報《じょうほう》にもとづいて構成《こうせい》していますが、内容《ないよう》によっては異《こと》なる説《せつ》もあります。また、人物《じんぶつ》の言葉《ことば》や一部《いちぶ》のエピソードについては、設定《せってい》や史実《しじつ》をもとに想定《そうてい》したものになります。挿絵《さしえ》は史実《しじつ》にもとづきながらも、小学生《しょうがくせい》が楽《たの》しめるよう、親《した》しみやすく表現《ひょうげん》しています。

1 大金持《おおがねも》ちの家《いえ》に生《う》まれて

わたしたちが病気《びょうき》やけがをしたとき、病院《びょういん》の看護師《かんごし》さんは、やさしく手当《てあ》てをしたり、身《み》の回《まわ》りの世話《せわ》をしたりしてくれます。「看護《かんご》」とは、患者《かんじゃ》の体《からだ》が自分《じぶん》の力《ちから》でなおろうとしているのを、外《そと》から助《たす》けてあげることです。

イギリス人《じん》の女性《じょせい》フローレンス・ナイチンゲールは、今《いま》から百五十年以上《ねんいじょう》前《まえ》に、このことにはじめて気《き》づき、世《せ》

界《かい》に広《ひろ》めました。

ナイチンゲールは一八二〇年《ねん》、お父《とう》さんとお母《かあ》さんが、イタリアのフィレンツェという町《まち》を旅《たび》しているときに生《う》まれたので、フローレンス（英語《えいご》でフィレンツェのこと）と名《な》づけられました。

一つ《ひと》上《うえ》に、パースという、お姉《ねえ》さんがいました。

フローレンスが一歳《さい》のとき、一家《いっか》は三年間《ねんかん》の旅行《りょこう》を終《お》え、イギリスにもどることになりました。

すると大金持《おおがねも》ちのお父《とう》さんが、こういいだしました。

「むすめたちを育《そだ》てるために、大《おお》きな家《いえ》をたてよう。」

丘《おか》の上《うえ》にたてられたやしきには、しんしつが、十五もありました。

庭《にわ》には花《はな》がさきみだれ、草原《そうげん》の向《む》こうに川《かわ》も流《なが》れています。

家《いえ》には、お手《て》つだいさんや料理人《りょうりにん》が、なん人《にん》もいました。

お父《とう》さんは、ゆうふく*1な紳士《しんし》*2らしく、本《ほん》を読《よ》んだり、かりをしたり、馬《うま》に乗《の》ったりしてすごしていました。お母《かあ》さんは、あみものやししゅうをしたり、手紙《てがみ》を書《か》いたり、花《はな》をいけたりする、ゆうがな*3

くらしをおくっています。

せっかくたてたやしきでしたが、冬《ふゆ》はとても寒《さむ》かったので、まだおさなかったフローレンスとお姉《ねえ》さんは、かぜをこじらせてしまいました。

お母《かあ》さんは、お父《とう》さんにうったえました。

「ここは、夏《なつ》をすごすにはいいけれど、冬《ふゆ》は寒《さむ》すぎるわ。」

「そうだな。子《こ》どもたちの健康《けんこう》のためにもよくないな。」

そこでお父《とう》さんは、もっと南《みなみ》のあたたかい場所《ばしょ》に、もう一《ひと》つやしきを買《か》い、冬《ふゆ》はそこですごすことにしました。

いなかの二《ふた》つのやしきと、イギリスの中心地《ちゅうしんち》であるロンドンを行《い》ったり来《き》たりしながら、一家《いっか》はくらすことになったのです。

＊1ゆうふく…お金《かね》をたくさん持《も》っていて、生活《せいかつ》がゆたかであること。＊2紳士《しんし》…上品《じょうひん》で、れいぎ正《ただ》しい男《おとこ》の人《ひと》。また、男《おとこ》の人《ひと》をそんけいの気持《きも》ちをこめてよぶ、よび名《な》。＊3ゆうが…品《ひん》があり、美《うつく》しいこと。

フローレンスとお姉《ねえ》さんは、ばあや*1に育《そだ》てられました。

「おじょうさまがたは、なんてかわいいんでしょう。しょうらい、きっと美《うつく》しく成長《せいちょう》なさるにちがいありません。」

このころイギリスのゆうふくな家《いえ》では、親《おや》ではなく、ばあやが子《こ》どもを育《そだ》てるのが、ふつうだったのです。

ばあやは、二人《ふたり》をこまごまと世話《せわ》してくれました。

「おじょうさま。スープをお飲《の》みになるときは、音《おと》を立《た》てないようにお気《き》をつけて。」

「すわるときは、足《あし》をきちんとそろえましょう。ドレスのすそが、きれいに広《ひろ》がっていると、ステキですよ。」

「そんなに大《おお》きく口《くち》を開《あ》けてわらうと、*2下品《げひん》ですよ。」

フローレンスたちは、いいかえします。

「ばあやは、ひとつひとつこまかいなあ。」

けれどもばあやは、こう答《こた》えます。

「お二人《ふたり》を一人前《いちにんまえ》に育《そだ》てるのが、わたしの役目《やくめ》ですからね。」

ばあやは、いつもあたたかく、二人《ふたり》を見《み》まもってくれました。

＊1ばあや…子守《こもり》や家事《かじ》などをおこなう女性《じょせい》。　＊2下品《げひん》…言葉《ことば》や行動《こうどう》などに、品《ひん》がないこと。

2 小《ちい》さいころのフローレンス

フローレンスは、子《こ》どものころから、動物《どうぶつ》が大《だい》すきでした。

やしきの外《そと》にある小屋《こや》には、馬《うま》やブタやロバがいました。

朝《あさ》ごはんが終《お》わると、お姉《ねえ》さんといっしょに庭《にわ》にかけ出《だ》していき、動物《どうぶつ》たちの小屋《こや》を回《まわ》ります。

「お馬《うま》さん、今日《きょう》も元気《げんき》ね。毛《け》のつやがいいわ。」

「ブタさん、あら、おなかがすいちゃった？　これからごはんをあげるわね。」

「ロバさん、今日《きょう》のちょうしはどう？」

犬《いぬ》やネコも、たくさんかいました。犬《いぬ》とは、いっしょに庭《にわ》をかけまわって遊《あそ》びます。

「木《き》のえだをなげるから、とっておいで！」

ワン！

犬《いぬ》たちは、ぴょんぴょんはねまわって、うれしそうです。子《こ》ネコがニャーンとすりよってくると、かかえあげてだっこし、せなかをやさしくなでてやります。

「よしよし、いい子《こ》ね。まあ、体《からだ》がずいぶん大《おお》きくなったこと。」

子《こ》ネコは、満足《まんぞく》そうに目《め》をほそめています。

野鳥《やちょう》にえさをあげ、かわいがったこともありました。

「ほら、こっちへおいで。こわくないよ。」

鳥《とり》たちも、だんだんなつき、フローレンスの手《て》からえさをもらうようになりました。
庭《にわ》や森《もり》で、死《し》んでしまった鳥《とり》を見《み》つけたときは、そのたびにおはかを作《つく》って、おいのりをささげます。
「どうか天国《てんごく》でやすらかにねむってね。」

フローレンスは、生《い》き物《もの》たちとふれあっているだけで、ほっと安《やす》らいだ気《き》もちになるのでした。

やがて、フローレンスとお姉《ねえ》さんは、家庭教師《かていきょうし》の女《おんな》の人《ひと》に、読《よ》み書《か》きを習《なら》いはじめました。二人《ふたり》は、いっしょうけんめい字《じ》の書《か》き方《かた》を練習《れんしゅう》します。

「ペンの使《つか》い方《かた》はむずかしいわ。インク*をつけるとき、こぼさないように気《き》をつけなくちゃ。」

「文字《もじ》の大《おお》きさをそろえるのは、たいへんね。」

*インク…書《か》くことやいんさつなどに使《つか》う、色《いろ》のついた液体《えきたい》。インキ。

字《じ》を書《か》けるようになったフローレンスは、庭《にわ》の花《はな》をじっくり観察《かんさつ》し、そのとくちょうを、きちょうめんに書《か》きとめるようになりました。

「バラは、くきにたくさんのトゲがある。色《いろ》も、こいピンク、うすいピンク、白《しろ》、いろいろとあるのね。」

こうして、やしきのまわりにある花《はな》を、図《ず》かんのようにまとめてしまいました。

フローレンスは、小《ちい》さいころから書《か》くことが大《だい》すきだったのです。しんせきの人《ひと》に、山《やま》ほど手紙《てがみ》を出《だ》しました。

せがのびて大《おお》きくなったフローレンスは、乗馬《じょうば》もじょうずになりました。子馬《こうま》に乗《の》って、パカパカとやしきの庭《にわ》を歩《ある》きます。

ばあやが、そんなようすを、はらはらしながら見《み》まもっています。

「おじょうさま。落《お》ちないようにお気《き》をつけて！」

「だいじょうぶ。心配《しんぱい》しないでばあや。馬《うま》に乗《の》るのは、楽《たの》しいわ。」

馬《うま》で、草原《そうげん》をかけることもあります。

「わーい！　高《たか》い所《ところ》から見《み》ると、けしきもかわるのね！」

そのころ、イギリスのゆうふくな家《いえ》の人《ひと》は、馬《うま》に乗《の》ることがあたりまえでした。汽車《きしゃ》が、やっと走《はし》りはじめた時代《じだい》だったので、遠《とお》くに行《い》くには、馬車《ばしゃ》か馬《うま》に乗《の》っていたのでした。

3 内気《うちき》なせいかく

大《おお》きなやしきには、しんせきやお客《きゃく》さんが、かわるがわるやってきました。いっしょに、赤《あか》ちゃんをつれてくることも、ありました。そのたびに、フローレンスとお姉《ねえ》さんは、飛《と》んでいって顔《かお》を見《み》せてもらいます。

「まあ！　なんてかわいいの。」

「わたしにもだっこさせて。」

フローレンスは、自分《じぶん》からたのんで、赤《あか》ちゃんの世話《せわ》をさせてもらいました。おむつのかえ方《かた》から、病気《びょうき》になったときの看病《かんびょう》のしかたまで、自然《しぜん》と覚《おぼ》えていきました。

赤《あか》ちゃんをだっこしてあやすと、キャッキャとわらいます。そんなときは、フローレンスも、思《おも》わずにっこりほほえみます。

「赤《あか》ちゃんは、なんてむじゃきなんでしょう。」

けれども、自分《じぶん》と同《おな》じ年《とし》ごろの子《こ》どもは、苦手《にがて》でした。しんせきの子《こ》たちにジロジロ見《み》られると、きんちょうして、むねがドキドキしてしまうのです。

(わたしは、どんなふうに見《み》られているんだろう。へんな子《こ》だって、思《おも》われていないかな。)

いとこたちがやってくる日《ひ》は、部屋《へや》にとじこもりたくなりました。

(あの子《こ》たちと、いったい何《なに》を話《はな》したらいいの？　いっそのこと、わたしのことなんか、ほうっておいてくれればいいのに……。)

お母《かあ》さんに、

「なかよく遊《あそ》びなさい。家《いえ》の中《なか》を案内《あんない》してあげたらどう？」

といわれても、気《き》が進《すす》まず、いつももじもじしてしまいます。

自分《じぶん》より年下《としした》の子《こ》に話《はな》しかけるときでさえ、なぜか気《き》が引《ひ》けてしまうのです。

（どんな言葉《ことば》をかければいいのかな？　なんていったら、よろこんでくれるかな？）

まよったあげく、やっと声《こえ》をしぼりだします。

「……ね、ねえ、あっちでいっしょに遊《あそ》ばない？」

そういいながらも、

（もし、わたしのことがきらいだったら、どうしよう。）

と、不安《ふあん》でしかたなくなるのです。相手《あいて》の子《こ》も、そんなフローレンスを、ふしぎそうに見《み》ています。すると、ますます落《お》ちこんでしまうのでした。

（みんなと楽《たの》しくおしゃべりするのは、むずかしいな。）

たしかに、フローレンスには、お姉《ねえ》さんや、親《しん》せきの子《こ》たちとは、ちょっとちがったところがありました。

気《き》むずかしく、いつも何《なに》かを考《かんが》えこんでいます。お姉《ねえ》さんのほうは、明《あか》るくて、だれとでもすぐなかよくなれるのに……。

自分《じぶん》に自信《じしん》が持《も》てないフローレンスは、ほかの人《ひと》たちから注目《ちゅうもく》をあびることが、きらいになりました。

食事《しょくじ》のときは、ナイフやフォークをマナー*通《どお》りに使《つか》わなくてはなりませんが、席《せき》についても、心配《しんぱい》でしかたありません。

（もし、しっぱいしたら、どうしよう。）

カチャッ！

食事中《しょくじちゅう》に音《おと》をさせて、みんながふりむいたりすると、しんぞうが止《と》まりそうになります。

フローレンスは、そんなとき、立《た》ちあがってこういうのでした。

「お母様《かあさま》。わたし、二階《かい》の部屋《へや》で食事《しょくじ》をします。みなさんとダイニングでいっしょに食《た》べるのは、いやなの。」

＊マナー……れいぎ正《ただ》しくふるまうためのきまり。

「何《なに》をいっているの、フローレンス。お座《すわ》りなさい、おぎょうぎがよくないですよ。それに、いっしょに食事《しょくじ》をとったほうが、おいしいでしょう？」

「でもやっぱり、いや！　わたしはひとりで食《た》べます。」

そういって、二階《かい》にかけあがっていき、お母《かあ》さんをこまらせたこともありました。

お母《かあ》さんは、ため息《いき》をついています。

「どうしてあんなに心配《しんぱい》ばかりするのかしら……。」

しかしお父《とう》さんは、いつもおうえんしてくれました。

「フローレンスは、たしかにパースや、ほかの子《こ》とはちがうが、とても研究熱心《けんきゅうねっしん》な子《こ》だよ。」

そういって、むすめの教育《きょういく》に力《ちから》を入《い》れました。

「そろそろ、もっとゆうしゅうな家庭教師《かていきょうし》をつけよう。」

お父《とう》さんは、新《あたら》しい先生《せんせい》をさがしはじめましたが、自分《じぶん》がなっとくできるりっぱな人《ひと》は、どこをさがしても見《み》つかりません。

そこで、フローレンスが十二歳《さい》になったころから、自分《じぶん》でむすめ二人《ふたり》を教《おし》えることにしました。

三人《にん》での勉強《べんきょう》がはじまりましたが、お父《とう》さんは、とてもきびしい先生《せんせい》でした。

いつも使《つか》う英語《えいご》だけでなく、たくさんの言葉《ことば》を学《まな》ばせます。

「このフランス語《ご》の文章《ぶんしょう》には、なんと書《か》いてあるかわかるか？まずは、パースから答《こた》えてみなさい。」

きかれたお姉《ねえ》さんは、ひやあせをかいています。

「学者《がくしゃ》の書《か》いた本《ほん》でしょう？　むずかしい言葉《ことば》が多《おお》くて、わたしには、ぜんぜんわかりません。フローレンスはどう？」

するとフローレンスは、ひかえ目《め》に答《こた》えるのでした。

「たぶん、こういう意味《いみ》だと思《おも》います。『われわれ人間《にんげん》は……。』」

お父《とう》さんは、満足《まんぞく》そうにうなずきました。

「その通《とお》りだ！　なかなかいい言葉《ことば》だろう？」

フランス語《ご》のほかにも、イタリア語《ご》、ドイツ語《ご》、ギリシャ語《ご》、むかしのヨーロッパで使《つか》われたラテン語《ご》まで、勉強《べんきょう》しました。

このとき身《み》につけた外国語《がいこくご》は、フローレンスがおとなになり、国《くに》を出《で》て仕事《しごと》をしたとき、とても役立《やくだ》つことになります。

そしてお父《とう》さんは、歴史《れきし》や哲学《てつがく》*など、外国語《がいこくご》いがいの勉強《べんきょう》も教《おし》えました。毎日何時間《まいにちなんじかん》も、授業《じゅぎょう》がつづきます。

フローレンスとお姉《ねえ》さんは、熱心《ねっしん》なお父《とう》さんについていくのが、たいへんでした。

パースがぼやきます。

「おぼえることがたくさんあって、もう頭《あたま》がパンクしそう。」

そのころの女《おんな》の人《ひと》は、家《いえ》の仕事《しごと》だけすればよいとされていたので、これほどの教育《きょういく》を受《う》けるのは、めずらしいことでした。

＊哲学《てつがく》……人生《じんせい》や世界《せかい》などのあらゆるものごとについて、考《かんが》え、研究《けんきゅう》する学問《がくもん》。

4 お姉《ねえ》さんとのちがい

姉妹《しまい》のせいかくは、まったくちがっていました。

フローレンスは、勉強《べんきょう》がすきで、予習復習《よしゅうふくしゅう》をコツコツするタイプでした。だれにいわれたわけでもないのに、

(あの勉強《べんきょう》をしておかなくちゃ。)

と思《おも》うと、ひとりでつくえに向《む》かっています。だから、お父《とう》さんに質問《しつもん》されても、いつもすぐに答《こた》えられるのです。

しかし、お姉《ねえ》さんは気《き》ままなせいかくで、何《なに》かにずっと集中《しゅうちゅう》していることが苦手《にがて》でした。

なん時間《じかん》も勉強《べんきょう》していると、とちゅうで、

「お父様《とうさま》。わたし、もうつかれた！」

といって、お母《かあ》さんのところに、にげていってしまいます。

お母《かあ》さんも、そんなお姉《ねえ》さんを、きびしくしかるわけでもなく、

「毎日《まいにち》たいへんね。」

と、なぐさめています。

また、フローレンスはきちょうめんなせいかくで、なんでも整理《せいり》してとっておくタイプでした。お姉《ねえ》さんは、物《もの》をきちんとしまわないために、なくしてしまうことがよくありました。

フローレンスは、そんなお姉《ねえ》さんに、ときどき文句《もんく》をいいました。

「引《ひ》き出《だ》しの中《なか》は、きちんと整理《せいり》してよ。ごちゃごちゃになると、

わたしの物《もの》までなくなってしまうわ。」

するとお姉《ねえ》さんは、すました顔《かお》で、こういうのです。

「それくらいでなくなったりしないから、だいじょうぶよ。」

こんなふうに、まったくちがうせいかくの二人《ふたり》が、ある時《とき》、計画《けいかく》を立《た》てました。

「そうだ。ベッシーに読《よ》み書《か》きを教《おし》えてあげない？」

「そうね！　きっと喜《よろこ》ぶわよね！」

ベッシーとは、この家《いえ》ではたらく女《おんな》の人《ひと》です。

このころイギリスで、字《じ》の書《か》き方《かた》などの教育《きょういく》を受《う》けられたのは、お金《かね》もちなど、ごく一部《いちぶ》の人《ひと》だけでした。ベッシーはいつも、「おじょうさま。この字《じ》はなんと読《よ》むのですか。」

と、読《よ》み方《かた》をフローレンスたちに聞《き》いてきます。だから二人《ふたり》は、

「自分《じぶん》で読《よ》み書《か》きができたら、べんりだろうな。」

と、いつも思《おも》っていたのでした。

そこで朝早《あさはや》く起《お》きて、いっしょにベッシーに文字《もじ》を教《おし》えることにしたのです。ベッシーも、よろこんでいます。

「おじょうさま方《がた》に、そこまでしていただけるなんて、わたしはなんて幸《しあわ》せ者《もの》でしょう。」

ところがある日《ひ》、フローレンスが朝早《あさはや》く起《お》きても、お姉《ねえ》さんは、ねぼうしてしまいました。

またべつの朝《あさ》には、フローレンスがさそいにいっても、お姉《ねえ》さんは本《ほん》をむちゅうで読《よ》んでいて、こういいました。

「この本《ほん》、おもしろいから、最後《さいご》まで読《よ》ませて。」

あるときは、

「いい天気《てんき》ね。お外《そと》に遊《あそ》びに行《い》こうっと。」

といって、やしきから飛《と》び出《だ》していってしまいました。

けっきょくフローレンスは、ほとんど自分《じぶん》一人《ひとり》で、ベッシーに教《おし》えることになったのです。

そんな二人《ふたり》に、お母《かあ》さんはいうのでした。

「二人《ふたり》だけの姉妹《しまい》なのだから、おたがい助《たす》けあって、なかよくするのですよ。」

しかし、これだけせいかくがちがうと、それはなかなかむずかしいことでした。

5 神様《かみさま》からの宿題《しゅくだい》

やがてフローレンスは、せが高《たか》く、ほっそりして、上品《じょうひん》な少女《しょうじょ》に育《そだ》ち、十六歳《さい》になりました。かみの毛《け》は茶色《ちゃいろ》で、灰色《はいいろ》の目《め》は、かしこそうにキラキラとかがやいています。

あいかわらず勉強《べんきょう》がすきで、おしゃれには、あまりきょうみがありません。

お姉《ねえ》さんは、そんな妹《いもうと》を見《み》て、なげくのでした。

「地味《じみ》な色《いろ》ばかり着《き》ないで、もっとはなやかなドレスをえらべばいいのに。赤《あか》いきぬの服《ふく》はどうかしら？」

フローレンスは、すすめられたドレスをしぶしぶ着《き》ます。

でも心《こころ》の中《なか》では、おさないころから、こう思《おも》っていたのでした。

（わたしにはもっとほかに、やるべきことがあるような気《き》がする。）

そしてある日《ひ》、とうとうフローレンスは、はっきりとこう感《かん》じました。

(わたしは神様《かみさま》から『何《なに》かをしなさい』といわれている。その宿題《しゅくだい》に取《と》りくむことが、自分《じぶん》のするべきことじゃないかしら。)

しかしまだこのときは、いったい何《なに》をすればいいのか、まったく見当《けんとう》がつきませんでした。

そこでしばらくは、お父《とう》さんとの勉強《べんきょう》をつづけながら、近所《きんじょ》の村《むら》に住《す》むまずしい人《ひと》たちのために、つくすことにしました。病人《びょうにん》がいる家《いえ》にスープをもっていったり、こまっている人《ひと》にお金《かね》をあげたりします。

しかしお母《かあ》さんは、フローレンスには、花《はな》をいけたり、ししゅうをしたり、お客《きゃく》さんをもてなしたりする、この時代《じだい》の、ゆうふくな家《いえ》の女《おんな》の人《ひと》らしい生活《せいかつ》をするようにのぞんでいました。

「フローレンス。勉強《べんきょう》や人助《ひとだす》けもいいけれど、お客様《きゃくさま》のお相手《あいて》もちゃんとしてね。だれかがいらしたら、にっこりほほえむのよ。」

「ええ、お母様《かあさま》……。」

でもどうしても、その笑顔《えがお》がこわばってしまいます。自分《じぶん》がほんとうにしたいことは、こんなことではない、という気《き》もちになってしまうのです。

けれどもお姉《ねえ》さんは、お母《かあ》さんやお客《きゃく》さんたちと、そうやって、にぎやかに話《はなし》をしているほうが、楽《たの》しいようです。

やはり、フローレンスと気《き》があうのは、お父《とう》さんでした。いっしょに勉強《べんきょう》の話《はなし》をしていると、気《き》もちがワクワクしてきます。じゅうじつした時間《じかん》をすごしている、と思《おも》えます。

そのうち一家《いっか》は、お母《かあ》さんとお姉《ねえ》さん、お父《とう》さんとフローレンス、という二《ふた》つのグループに分《わ》かれていってしまいました。

いろいろなことを学《まな》べば学《まな》ぶほど、フローレンスは、こう思《おも》うようになりました。

（できれば、自分《じぶん》が心《こころ》から大切《たいせつ》だと思《おも》えることにうちこみたいわ。やりがいのある仕事《しごと》をしたい。）

しかしそのころ、女《おんな》の人《ひと》が外《そと》ではたらくのは、家《いえ》がまずしい場合《ばあい》だけで、お金《かね》もちの家《いえ》では「はずかしいこと」とされていました。ゆうふくな家《いえ》の女主人《おんなしゅじん》は、使用人《しようにん》に料理《りょうり》やそうじをさせ、家《いえ》の中《なか》のことがうまくいくよう、取《と》りしきるだけでよいのです。

（外《そと》で仕事《しごと》をしたいなんていったら、大《おお》さわぎになるだろうな。）

まだわかいフローレンスは、自分《じぶん》の思《おも》いをむねにしまい、苦《くる》しい日《ひ》びをすごしました。

6 社交界《しゃこうかい》デビュー

一八三七年《ねん》、フローレンスが十七歳《さい》になったとき、一家《いっか》はまた、長《なが》いヨーロッパ旅行《りょこう》に出発《しゅっぱつ》しました。お父《とう》さんは、成長《せいちょう》した姉妹《しまい》に、世《よ》の中《なか》のことを学《まな》ばせようとしたのです。

船《ふね》や馬車《ばしゃ》で、フランスやイタリア、スイスをのんびりと回《まわ》ります。

このときも、書《か》くことが好《す》きなフローレンスは、日《ひ》づけや、馬車《ばしゃ》で走《はし》ったきょりなどを、くわしく書《か》きとめました。

そして、それまでのなやみや苦《くる》しみをわすれようと、自分《じぶん》から進《すす》んで旅《たび》を楽《たの》しもうとしたのでした。

「まあ、りっぱな教会《きょうかい》ね。ステンドグラス*1がきれい。」
「やっぱりフランスのお料理《りょうり》はおいしいわ。」
おとずれた町《まち》では、博物館《はくぶつかん》や美術館《びじゅつかん》を回《まわ》ったり、オペラ*2を見《み》たり、ダンスパーティーでおどったりしました。絵画《かいが》やピアノや歌《うた》も習《なら》いました。

お父《とう》さんは行《い》く先《さき》ざきで、学者《がくしゃ》をはじめとした、たくさんの人《ひと》に会《あ》わせてくれたので、それぞれの国《くに》ぐにのようすも、よく知《し》ることができました。

このころには、フローレンスの内気《うちき》なせいかくもかわってきて、

＊1ステンドグラス…色《いろ》ガラスなどを組《く》みあわせて、もようや絵《え》にした板《いた》ガラス。教会《きょうかい》などのまどに使《つか》われる。　＊2オペラ…音楽劇《おんがくげき》のひとつ。おもに歌《うた》と曲《きょく》の演奏《えんそう》によって、舞台《ぶたい》で劇《げき》を演《えん》じる。

知《し》りあった人《ひと》たちと、会話《かいわ》を楽《たの》しめるようになっていました。

フローレンスは、さらりとこんなことをいうのです。

「ギリシャのホメロス[*1]の詩《し》には、こう書《か》かれていましたよね。」

「ええ？　あなたはギリシャ語《ご》もわかるんですか？」

「はい。父《ちち》から教《おし》えてもらいました。」

「ひょっとして、ラテン語《ご》も？」

「ええもちろん。むかしの本《ほん》を読《よ》むには、どうしても必要《ひつよう》ですから。」

「それはすごい。すばらしい家庭教育《かていきょういく》ですね。」

また、フローレンスは、人《ひと》をじっと観察《かんさつ》することもとくいでした。

そして、その人《ひと》のものまねを、みんなの前《まえ》で、じょうずにやってみせるのです。

「あの男《おとこ》の人《ひと》は、びっくりしたとき、いつも目《め》をまんまるにしますよね。ちょっとやってみましょうか。」

それを見《み》た人《ひと》たちは、おおよろこびです。

「おお！　にてるにてる！　なんて楽《たの》しい人《ひと》だろう！」

こうしてフローレンスは、みんなにそんけいされ、人気《にんき》を集《あつ》めました。

お母《かあ》さんはそれまで、むすめが、ほかの人《ひと》とうちとけられないのでは、と心配《しんぱい》していましたが、ほっと安心《あんしん》しました。

「よかったわ。あの子《こ》も、明《あか》るくなってくれて。」

一家《いっか》は一年半《ねんはん》ほどヨーロッパを回《まわ》り、イギリスに帰《かえ》りました。

そしていよいよ、姉妹《しまい》はロンドンの*2社交界《しゃこうかい》にデビューすることに

*1ホメロス…古代《こだい》ギリシャの詩人《しじん》。　*2社交界《しゃこうかい》…ゆうふくな人《ひと》たちなどが集《あつ》まって、交流《こうりゅう》をする場《ば》の一つ。

なりました。貴族《きぞく》やゆうふくな家《いえ》の人《ひと》たちにしょうかいされ、その人《ひと》たちから「おとなの女性《じょせい》」としてみとめられるのです。

そして、むかえたデビューの日《ひ》。

十九歳《さい》のフローレンスは、フランスのパリであつらえた白《しろ》いドレスに身《み》をつつみ、かがやいていました。

フローレンスとお姉《ねえ》さんは、若《わか》き*1ビクトリア女王《じょおう》にも、会《あ》うことができました。

前《まえ》に進《すす》み出《で》ると、こしを深《ふか》くおとして、おじぎをします。

「女王様《じょおうさま》。お目《め》にかかれて*2光栄《こうえい》でございます。」

終《お》わったあとは、こうふんしてしゃべっています。

「お姉様《ねえさま》。これでわたしたち、正式《せいしき》にデビューできたのね。」

＊1ビクトリア女王《じょおう》…1819〜1901年《ねん》。イギリスの女王《じょおう》。＊2光栄《こうえい》…行動《こうどう》をほめられたり、重要《じゅうよう》な役《やく》わりをまかされたりして、めいよに思《おも》うこと。

「フローレンスは、女王陛下《じょおうへいか》の前《まえ》でも落《お》ちついていて、すごいわね。わたしなんか、むねがドキドキしちゃった。」

こうして社交界《しゃこうかい》にデビューした女《おんな》の人《ひと》は、これからけっこん相手《あいて》をさがすのです。お父《とう》さんもお母《かあ》さんも、二人《ふたり》のむすめを満足《まんぞく》そうにながめ、うなずきました。

「あの子《こ》たちに、どんな相手《あいて》が見《み》つかるか、今《いま》から楽《たの》しみだな。」

「ええ。りっぱな人《ひと》とけっこんできるといいですね。」

お父《とう》さんは、むすめたちがパーティーでいろいろな相手《あいて》に出《で》あえるように、旅行中《りょこうちゅう》にやしきをさらに広《ひろ》くたてかえ、じゅんびを整《ととの》えていたのでした。

7 看護師《かんごし》になりたい

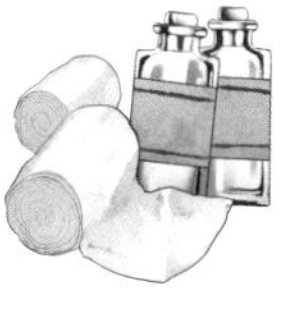

ロンドンから、いなかのやしきにもどっても、お客《きゃく》さんのたえない、にぎやかな日《ひ》びがつづきました。

いとこのヘンリーは、フローレンスをすきになっていました。

「君《きみ》はなんてステキなんだ。ぼくとおつきあいしてくれませんか。」

しかし、楽《たの》しい旅《たび》を終《お》えて家《いえ》にもどると、フローレンスはふたたび、なやみはじめていました。

（はなやかなくらしをつづけていて、いいのかしら。わたしのすべき仕事《しごと》は、ほかにあるんじゃないかしら。）

だから、けっこんにも、きょうみが持《も》てません。

それより勉強《べんきょう》のほうが、ずっとおもしろく思《おも》えました。とくに数《すう》学《がく》は大《だい》すきでした。

（数字《すうじ》には『たしかさ』があるわ。問題《もんだい》をとくのはむずかしいけれど、計算《けいさん》の答《こた》えがぴったり合《あ》うと、なんて気《き》もちがいいんでしょう。）

しかし、自分《じぶん》のほんとうの思《おも》いを、なかなか家族《かぞく》につたえられません。

そんなとき、フローレンスと気《き》があう人《ひと》が、やしきをおとずれました。お父《とう》さんの妹《いもうと》、メイおばさんです。

「そんなに数学《すうがく》がすきなら、家《いえ》の用事《ようじ》のじゃまにならないように、朝早《あさはや》く起《お》きていっしょに勉強《べんきょう》しない？」

「まあ、おばさま。そうしてくださると、うれしいです。」

二人《ふたり》は、朝暗《あさくら》いうちから、明《あ》かりをつけ、勉強《べんきょう》をはじめました。

しかし、お母《かあ》さんは気《き》にいりません。

「あの子《こ》ったら。数学《すうがく》より、はやくけっこんのことを、考《かんが》えてくれないものかしら。」

それでもフローレンスは、勉強《べんきょう》が楽《たの》しくてしかたがないのでした。

そんな毎日《まいにち》が何年《なんねん》かつづき、一八四二年《ねん》のことです。

その年《とし》は、イギリスでは畑《はたけ》の作物《さくもつ》がとれず、まずしい人《ひと》びとは、うえに苦《くる》しみ、やせほそりました。病気《びょうき》がはやり、多《おお》くの人《ひと》がねこんでしまいました。

フローレンスは、*1領地《りょうち》の村《むら》をたずねて病人《びょうにん》をみまい、食事《しょくじ》やお金《かね》をとどけました。

「たいへんですね。どうか、元気《げんき》を出《だ》してくださいね。」

「ありがとうございます。おじょうさま。」

村《むら》に通《かよ》ううち、フローレンスは、めぐまれない人《ひと》たちのことで、頭《あたま》がいっぱいになってしまいました。

(いったいどうしたら、あの人《ひと》たちのくらしが楽《らく》になるのかしら。)

そして、はっと気《き》がついたのです。

(神《かみ》さまがおっしゃっている、わたしのやるべきこととは、こまっている人《ひと》たちをすくうことなのかもしれない!)

その年《とし》の秋《あき》、フローレンスは、ドイツからイギリスにやってきていたブンゼン＊2男爵《だんしゃく》の家《いえ》をおとずれました。そして、世《よ》の中《なか》のことを広《ひろ》く知《し》っている男爵《だんしゃく》に、思《おも》いきって聞《き》いてみたのです。

「村《むら》には、病気《びょうき》の人《ひと》たちがたくさんいて、気《き》のどくでたまりません。わたしにも、何《なに》かできることはないのでしょうか。」

すると、ブンゼン男爵《だんしゃく》は、こう答《こた》えました。

「ドイツに、カイゼルスベルト学園《がくえん》という学校《がっこう》があります。ここで

＊1領地《りょうち》…自分《じぶん》のものとして持《も》っている土地《とち》。　＊2男爵《だんしゃく》…貴族《きぞく》の位《くらい》をしめすよび名《な》のひとつ。

は、病気《びょうき》などでくるしんでいる人《ひと》を助《たす》けるくんれんができます。もし人《ひと》のために何《なに》かしたいのなら、この学校《がっこう》に入《はい》るといいかもしれませんよ。」

フローレンスは、目《め》を見《み》ひらきました。

「そんな学校《がっこう》があるんですか？」

「もしよかったら、その学園《がくえん》について書《か》かれたものを、送《おく》ってさしあげましょう。」

ブンゼン男爵《だんしゃく》は、カイゼルスベルト学園《がくえん》についてくわしく教《おし》えてくれました。フローレンスは、学園《がくえん》のようすをそうぞうして、むねをふくらませます。

（もしこの学校《がっこう》で勉強《べんきょう》することができたら、どんなにいいかしら！）

次《つぎ》の年《とし》の夏《なつ》も、フローレンスは、村《むら》の人《ひと》たちのためにはたらきました。そして、お母《かあ》さんにこうたのみました。

「こまっている人《ひと》たちに、薬《くすり》や食《た》べ物《もの》や服《ふく》を、とどけてあげてください。」

お母《かあ》さんは、まゆをひそめました。

「めぐまれない人《ひと》の力《ちから》になってあげることは、たしかにいいことだけれど、いくらなんでも、やりすぎじゃないの？」

「でも、みんな大変《たいへん》なんです。助《たす》けてあげたいんです。」

「しかたないわね。では、少《すこ》しだけですよ。」

フローレンスは、朝《あさ》からばんまで、人《ひと》びとのためにつくしました。

そしてとうとう一八四四年《ねん》、二十四歳《さい》になった年《とし》、

「わたしのやるべきことは、看護《かんご》だ。病気《びょうき》やけがをした人《ひと》の手当《てあ》てやお世話《せわ》をする、看護師《かんごし》になりたい！」

その年《とし》の六月《がつ》、アメリカのハウ博士《はかせ》という人《ひと》が、やしきにやってきました。博士《はかせ》は医者《いしゃ》で、目《め》の不自由《ふじゆう》な人《ひと》が通《かよ》う学校《がっこう》の校長先生《こうちょうせんせい》を

していました。フローレンスは、博士《はかせ》にたずねます。

「先生《せんせい》は、もしわたしが病院《びょういん》ではたらいたりしたら、おかしいと思《おも》われますか？」

ハウ博士《はかせ》は、じっと目《め》を見《み》て、首《くび》をふりました。

「きっと、みんなに止《と》められるでしょうね。あなたのような家《いえ》がらの人《ひと》は、外《そと》ではたらいたりしないものです。それでも、どうしてもやりたいと思《おも》うなら、気《き》もちのままに、進《すす》んでごらんなさい。」

フローレンスは、目《め》をかがやかせました。

「ありがとうございます、先生《せんせい》。そういっていただけて、少《すこ》し勇気《ゆうき》がわいてきました。」

8 家族《かぞく》に反対《はんたい》されて

それでもまだフローレンスは、自分《じぶん》のゆめを、家族《かぞく》に話《はな》せないいま、もんもんとしていました。

（はたらきたいなんて、しかも、看護師《かんごし》になりたいなんていったら、みんな大反対《だいはんたい》するに決《き》まっているもの。）

すると次《つぎ》の夏《なつ》、フローレンスのおばあさんが、重《おも》い病気《びょうき》にかかってしまいました。

「だいじょうぶですか。早《はや》くよくなってくださいね。」

フローレンスが、つきっきりで看病《かんびょう》をすると、やっと元気《げんき》になり、

おばあさんは、よろこびました。

「ありがとう。あなたが看護《かんご》してくれたおかげですよ。」

ところが今度《こんど》は、ずっと自《じ》分《ぶん》たちのめんどうを見《み》てくれたばあやまで、ぐあいが悪《わる》くなってしまったのです。

「ばあや。だいじょうぶよ。わたしがそばにいますから。」

「おじょうさま。ばあやは年《とし》

をとったのです。もうすぐ天国《てんごく》からおむかえがくるのですよ。」

「そんなこといわないで。きっとまた元気《げんき》になるから。」

消化《しょうか》のいいものを食《た》べさせたり、体《からだ》をふいたり、かいがいしく世《せ》話《わ》をしました。しかしばあやは、フローレンスに手《て》をにぎられながら、おだやかなさいごをむかえたのです。

「ばあや……。今《いま》まで育《そだ》ててくれて、ありがとう。」

フローレンスのきめこまかな看護《かんご》には、家《いえ》の人《ひと》たちも感心《かんしん》していました。

「ばあやも、幸《しあわ》せだっただろう。こんなにていねいにさいごをみとってもらえて。」

その後《ご》フローレンスは、村《むら》のまずしい人《ひと》たちのところへも、出《で》か

けていきました。そして、たくさんの人《ひと》を看護《かんご》するうちに、こう思《おも》うようになりました。

（わたしは、まだまだ看護《かんご》のしかたについて、知《し》らないことが多《おお》すぎるわ。ドイツのカイゼルスベルト学園《がくえん》のように、看護《かんご》のくんれんを受《う》けられるところが、イギリスにもないかしら？）

そこで、とうとうその年《とし》、思《おも》いきってお母《かあ》さんにいったのです。

フローレンス、二十五歳《さい》のときでした。

「ソールズベリ*市《し》の病院《びょういん》に、看護《かんご》を勉強《べんきょう》しに行《い》ってもいいですか？」

ところが、これを聞《き》いたお母《かあ》さんは、ふるえおののきました。

「なんですって？　あなたは、看護師《かんごし》になるつもりなの？　そんなこと、ぜったいにゆるしません！」

＊ソールズベリ市《し》…イギリスの南《みなみ》のほうにある都市《とし》。

お母《かあ》さんが反対《はんたい》したのも、無理《むり》はありません。

そのころのイギリスは、金持《かねも》ちの人《ひと》とまずしい人《ひと》とで、差《さ》が大《おお》きく開《ひら》いていました。

そして看護《かんご》は、まずしい女《おんな》の人《ひと》がする仕事《しごと》だったのです。看護《かんご》の正《ただ》しい知識《ちしき》も広《ひろ》まっていなくて、看護師《かんごし》の中《なか》には、お酒《さけ》を飲《の》みながら、病人《びょうにん》をほったらかしたまま平気《へいき》な顔《かお》をしている人《ひと》もいました。ゆうふくな家《いえ》の女《おんな》の人《ひと》が、看護師《かんごし》になるなんて、ありえないことだったのです。

しかも当時《とうじ》、お金《かね》もちは、病気《びょうき》になっても家《いえ》に医者《いしゃ》をよぶので、病院《びょういん》に行《い》かずにすみました。病院《びょういん》は、まずしい人《ひと》だけが行《い》くところで、そうじも行《い》きとどかず、とてもきたなかったのです。病室《びょうしつ》に入《はい》っ

たとたん、いやなにおいが、つんとします。

お母《かあ》さんは、むすめがふけつな病院《びょういん》で仕事《しごと》をするようすを思《おも》いうかべるだけで、めまいがして、お姉《ねえ》さんといっしょに、大《だい》反対《はんたい》しました。

「看護師《かんごし》になるなんて、ぜったいだめよ！」

9 自分《じぶん》がほんとうにしたいこと

（やっぱり、無理《むり》だったんだわ……。）

フローレンスはけっきょく、看護《かんご》を勉強《べんきょう》することをゆるしてもらえませんでした。すっかりくじけてしまい、それからまた二年近《ねんちか》く、落《お》ちこむ日《ひ》びをすごしました。

そんなすがたを見《み》かねて、知《し》り合《あ》いの夫婦《ふうふ》が、フローレンスにこういってくれました。

「気分《きぶん》をかえるために、わたしたちと旅行《りょこう》に出《で》かけませんか？」

こうして、フローレンスはイタリアへ旅《たび》に出《で》かけたのです。

そしてその冬《ふゆ》、政治家《せいじか》のシドニー・ハーバートとそのおくさんに、ローマで出《で》あいました。

ハーバートもイギリス人《じん》で、めぐまれない人《ひと》を助《たす》ける活動《かつどう》に熱心《ねっしん》でした。話《はなし》が合《あ》ったフローレンスは、自分《じぶん》のゆめを語《かた》ります。

「わたしもほんとうは、看護《かんご》の勉強《べんきょう》をしたいんです。でも親《おや》がゆるしてくれなくて。」

ハーバートは、熱心《ねっしん》に話《はなし》を聞《き》いてくれました。

「いったい、どこで看護《かんご》を学《まな》ぶつもりなんですか？」

「いつかブンゼン男爵《だんしゃく》は、ドイツのカイゼルスベルト学園《がくえん》なら看護《かんご》のくんれんができると教《おし》えてくれました。そこで学《まな》んで、じっさいに病院《びょういん》でいかすことができたら、どんなにいいでしょう。」

「なるほど。それはすばらしい計画《けいかく》ですね。おうえんできることがあったら、なんでもしますよ。」

このときから、ハーバートは、フローレンスの味方《みかた》になってくれました。

半年間《はんとしかん》にわたるイタリア旅行《りょこう》が終《お》わり、イギリスに帰《かえ》りました。

ところがそれからまた、問題《もんだい》が起《お》きました。

ずっとフローレンスをすきだったリチャード・モンクトン・ミルンズという人《ひと》が、プロポーズ*してきたのです。

「ぼくとけっこんしてくれませんか？　そろそろ正式《せいしき》なへんじをください。」

リチャードは、人《ひと》がらもよく、見《み》た目《め》もどうどうとした、りっぱ

＊プロポーズ…けっこんをもうしこむこと。

な若《わか》い政治家《せいじか》でした。フローレンスと話《はなし》もあいます。そのためフローレンスは、まよいました。

（わたしもリチャードがすきだし、けっこんしたら、きっと幸《しあわ》せになれるわ。だけど、それでいいのかしら。後《あと》になって、くやむような気《き》がしてならないわ。

わたしは自分《じぶん》の力《ちから》を、もっと広《ひろ》く、もっとたくさんのこまっている人《ひと》を助《たす》けるために、使《つか》うべきではないかしら。)

看護師《かんごし》になりたいというゆめがあったので、どうしてもリチャードのつまになる決心《けっしん》がつきません。

とうとう、こういってことわってしまいました。

「ごめんなさい。わたしにはほかに、やるべきことがあるように思《おも》うんです。」

「……そうですか。どうしてもだめなんですね。」

リチャードはショックをうけましたが、フローレンスもつらくてしかたありません。

(ああ、リチャード。こんなわたしをどうかゆるして。)

プロポーズをことわったと聞《き》き、お母《かあ》さんやお姉《ねえ》さんは、また大《おお》さわぎしました。

「あんなにいい相手《あいて》をことわるなんて。幸《しあわ》せになるチャンスだったのに！」

当時《とうじ》、ゆうふくな家《いえ》の女《おんな》の人《ひと》は、けっこんして、家《いえ》の仕事《しごと》をするべきと考《かんが》えられていました。

（フローレンスはこの先《さき》、いったいどうなってしまうのかしら。）

母親《ははおや》として、心配《しんぱい》でたまらなかったのです。

しかしフローレンスは、こう考《かんが》えていました。

（ごめんなさいお母様《かあさま》。でもわたしは、けっこんだけが女性《じょせい》の生《い》きる道《みち》ではないと思《おも》っているんです。）

10 とうとう看護《かんご》のくんれんに

フローレンスは、こう考《かんが》えていました。

（わたしは子《こ》どものころからずっと、何《なに》かにうちこみたいと思《おも》ってきたわ。それが看護《かんご》だとわかった今《いま》、やっぱりこの道《みち》を行《い》くべきなんじゃないかしら。）

しかしお母《かあ》さんは、いつまでたってもみとめてくれません。お姉《ねえ》さんも、わかってくれません。

家族《かぞく》がゆるしてくれることを、ずっと待《ま》っていたフローレンス

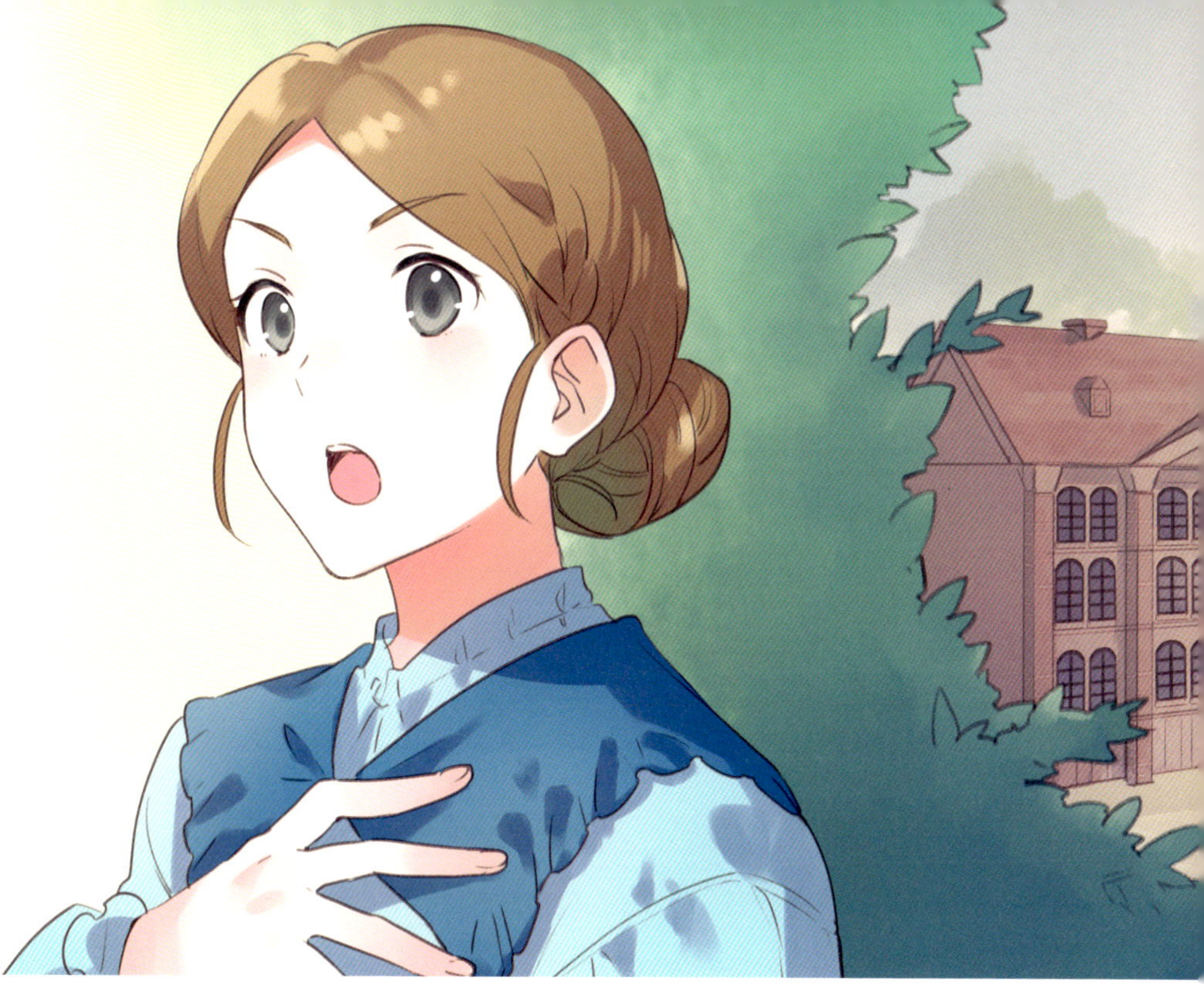

は、ようやくこう気《き》づきました。
(そうか。やりたいことがあるなら、じっと待《ま》っていてもだめなんだ。自分《じぶん》から声《こえ》をあげて動《うご》きださないと、何《なに》も始《はじ》まらない。)
そこで、心《こころ》を決《き》めて、家族《かぞく》にこういったのです。
「わたしは、ドイツのカイゼルスベルト学園《がくえん》に看護《かんご》のくんれんを受《う》けに行《い》きます!」

「……まだそんなことを！」

お母《かあ》さんとお姉《ねえ》さんは、さらにおこりましたが、今度《こんど》はフローレンスも負《ま》けません。自分《じぶん》の意見《いけん》をおしとおし、一八五一年《ねん》、とうとうドイツのこの学園《がくえん》で三か月間《げつかん》、くんれんをしました。

朝《あさ》五時《じ》に起《お》きて、病院《びょういん》ではたらいたり、身《み》よりのない子《こ》どもたちの世話《せわ》をしたりします。手術《しゅじゅつ》にも立《た》ちあいました。

ここでは、先生《せんせい》に教《おし》えてもらうのではなく、じっさいにこまっている人《ひと》を助《たす》けながら、しかたをおぼえていきます。

（これこそ、わたしがやりたかったことだわ。）

フローレンスは、やっと自分《じぶん》らしい毎日《まいにち》を送《おく》ることができて、晴《は》ればれとした気《き》もちです。

しかし、三か月《げつ》たって帰《かえ》ってくると、お母《かあ》さんやお姉《ねえ》さんは、話《はな》しかけてもくれません。まるで、悪《わる》いことをした人《ひと》を見《み》るように、じろじろながめています。

「病院《びょういん》なんかではたらいてきて……。」

（どうして病院《びょういん》で仕事《しごと》をすることがいけないの？　はずかしいの？　わたしはこまっている人《ひと》たちを助《たす》けたいだけなのに。）

そんなとき、フローレンスと家族《かぞく》の間《あいだ》に入《はい》ってくれたのが、いつか数学《すうがく》をいっしょに勉強《べんきょう》してくれたメイおばさんでした。

おだやかないい方《かた》で、お母《かあ》さんにつたえてくれたのです。

「そろそろフローレンスを、自由《じゆう》にさせてあげたらどうでしょう。あとなん年《ねん》かしたら、ひとり立《だ》ちさせてはいかがですか。」

メイおばさんが、うまく*口《くち》ぞえしてくれたおかげで、お母《かあ》さんも、しぶしぶうなずきました。

「わかりました。もう一人前《いちにんまえ》の大人《おとな》ですものね。そこまで看護《かんご》師《し》になりたいのなら、やりたいようにさせてあげましょう。」

*口《くち》ぞえ…ある人《ひと》がたのみごとをしているとき、ほかの人《ひと》が相手《あいて》にことばなどではたらきかけ、うまくいくようにすること。

11 ロンドンの病院《びょういん》をまかされて

フローレンスは、フランスの病院《びょういん》に勉強《べんきょう》しに行《い》くことをゆるしてもらいました。

一八五三年《ねん》、パリに着《つ》くと、ヨーロッパじゅうの病院《びょういん》にアンケートを出《だ》して、それぞれの病院《びょういん》のようすを調《しら》べました。

（どうやって看護《かんご》するのが一番《いちばん》いいのかしら。病院《びょういん》はどんなしくみで

動《うご》いているのかしら。)

こうして、一《いっ》か月《げつ》のうちに、この調《しら》べ物《もの》を、まとめあげてしまったのです。もはやフローレンスは、病院《びょういん》の専門家《せんもんか》といってもいいくらいになっていました。

しかしざんねんながら、パリの病院《びょういん》でじっさいにはたらく前《まえ》に、おばあさんが病気《びょうき》でたおれたという知《し》らせを受《う》けとりました。

「え？　おばあさまが？　ざんねんだけれど、イギリスにもどりましょう。ぜひわたしが、看護《かんご》してあげたいわ。」

帰国《きこく》したフローレンスは、おばあさんを親身《しんみ》になって看病《かんびょう》します。しかし、おばあさんは、そのまま天国《てんごく》に行《い》ってしまいました。

(パリの病院《びょういん》では学《まな》べなかったけれど、おばあさんのさいごのお世《せ》話《わ》をさせてもらえた。）

フローレンスは悲《かな》しみながらも、くいのない看護《かんご》ができて、よかったと思《おも》いました。

そんなとき、イタリアのローマで知《し》り合《あ》ったシドニー・ハーバートのおくさんから、こんな手紙《てがみ》が来《き》ました。

「病院《びょういん》や看護《かんご》について、いろいろ調《しら》べていらっしゃるそうですね。ロンドンにある病院《びょういん》のけいえいが、うまくいっていません。この病院《びょういん》を立《た》てなおす仕事《しごと》をしていただけませんか。」

その病院《びょういん》は、きぞくたちが、やしきではたらく女《おんな》の人《ひと》のために作《つく》ったものでした。しかし、きちんと目《め》が配《くば》られず、いろいろ問題《もんだい》が起《お》きていたのです。

フローレンスには、ぴったりの役目《やくめ》です。

「ぜひ、引《ひ》きうけさせてください。」

お父《とう》さんも、おうえんしてくれました。

「これは、ひとり立《だ》ちをするいいチャンスだね。」

といって、フローレンスにまとまったお金《かね》をわたし、一人《ひとり》ぐらしをはじめさせてくれたのです。

「ありがとう。お父様《とうさま》。」

フローレンスは、新《あたら》しい病院《びょういん》に、当時《とうじ》の人《ひと》たちが考《かんが》えもつかないようなアイデアを取《と》りいれました。

まず、物《もの》をちがう階《かい》に運《はこ》ぶための、小《ちい》さなエレベーターをとりつけました。こうすれば、看護師《かんごし》が階段《かいだん》を上《のぼ》り下《お》りする手間《てま》がへり、

患者《かんじゃ》のそばに長《なが》くいることができます。
病人《びょうにん》のまくらもとに、看護師《かんごし》をよぶベルもつけました。このベル
は、看護師《かんごし》の部屋《へや》の外《そと》のろうかで鳴《な》り、しかも、だれがよんでいる

かわかるしくみになっています。今《いま》でいう「ナースコール」です。

それから、それぞれの階《かい》で、お湯《ゆ》が出《で》るようにしました。今《いま》では当《あ》たり前《まえ》のことですが、百五十年以上《ねんいじょう》も前《まえ》では、めずらしいことです。

フローレンスは、いきいきとはたらきはじめ、看護師《かんごし》たちをまとめ、病人《びょうにん》をあたたかく看護《かんご》しました。

病院《びょういん》で使《つか》うぬのは、それまでの、ぼろぼろでよごれたものをせいけつな新《あたら》しいものにかえました。食事《しょくじ》に気《き》を配《くば》り、小麦粉《こむぎこ》を買《か》いいれて、パンやビスケットをやきました。病院《びょういん》の物《もの》を買《か》いそろえるときは、むだづかいがないかよくたしかめ、まとめ買《が》いして安《やす》くなるよう、くふうしました。

入院《にゅういん》している人《ひと》それぞれのことも、よく注意《ちゅうい》して見《み》ていました。

「あの患者《かんじゃ》さんが、ごはんをのこすのは、少《すこ》しかたいからじゃないかしら。ちゃんと食《た》べられれば、なおりも早《はや》くなるのに。」

そう気《き》がつくと、看護師《かんごし》に、もっとやわらかい食事《しょくじ》にかえるよう、いいつけます。

フローレンスは、病人《びょうにん》にひつようなもの、そうでないものを、いつも見《み》きわめていました。

「あの方《かた》がいらしてから、病院《びょういん》がすばらしくなった！」

みんなは、フローレンスのはたらきぶりに、すっかり感心《かんしん》したのです。

12 戦場《せんじょう》へ

新《あたら》しい病院《びょういん》での仕事《しごと》がやっと落《お》ちついてきた、ちょうどそのころのことです。「＊クリミア戦争《せんそう》」という戦争《せんそう》が、トルコとロシアの間《あいだ》で起《お》きており、イギリス軍《ぐん》は、フランス軍《ぐん》といっしょに、トルコをおうえんして戦《たたか》いはじめました。

しかし、戦争《せんそう》ははげしくなり、たくさんの兵士《へいし》が死《し》んだり、けがを負《お》ったりしました。戦地《せんち》では病人《びょうにん》も多《おお》く出《で》ました。

新聞《しんぶん》は、戦場《せんじょう》のひどいようすを伝《つた》えました。

「イギリス軍《ぐん》の兵士《へいし》たちは、苦《くる》しみながら死《し》んで

＊クリミア戦争《せんそう》…1853年《ねん》にロシアがトルコ（オスマン帝国《ていこく》）とはじめた戦《たたか》い。1854年《ねん》、イギリスとフランスも戦《たたか》いにくわわり、1856年《ねん》に戦争《せんそう》は終《お》わった。

いっています。医者《いしゃ》も看護師《かんごし》も、薬《くすり》も包帯《ほうたい》も足《た》りません。フランス軍《ぐん》では、教会《きょうかい》の女性《じょせい》たちが看護師《かんごし》としてはたらいているのに、わが軍《ぐん》には、看護師《かんごし》もいません。」

これを知《し》った国民《こくみん》は、おどろきました。

「いったい国《くに》は、何《なに》をやっているんだ？　だれかが、すぐに助《たす》けに行《い》くべきだ。看護師《かんごし》を送《おく》れ！」

ちょうどそのころ、シドニー・ハーバートは、イギリスの大臣《だいじん》になっていました。フローレンスが、ロンドンの病院《びょういん》を立《た》てなおしたことをよく知《し》っていた彼《かれ》は、すぐに思《おも》いついたのです。

（このピンチをすくえるのは、彼女《かのじょ》しかいない。）

すぐ手紙《てがみ》を書《か》き、戦地《せんち》の病院《びょういん》に看護師《かんごし》をひきいて行《い》ってほしいとたのみました。そのころフローレンスも、この新聞《しんぶん》を読《よ》んで自《みずか》ら立《た》ちあがり、出発《しゅっぱつ》のじゅんびを整《ととの》えていました。

（看護師《かんごし》がいないですって？　とても、ほうってはおけないわ。）

フローレンスが戦地《せんち》の病院《びょういん》に行《い》くことが、正式《せいしき》に決《き》まりました。

それまで意見《いけん》の合《あ》わなかったお母《かあ》さんも、お姉《ねえ》さんも、これには反対《はんたい》しませんでした。イギリス中《じゅう》の人《ひと》が注目《ちゅうもく》する、めいよある役目《やくめ》だったからです。

「えらいわ。がんばってね。」

「はい。お母様《かあさま》やお姉様《ねえさま》にそういっていただけて、うれしいです。」

けれども、フローレンスは、なやんでいました。(看護師《かんごし》として、いったいだれを、つれていったらいいのかしら。)

そのころ、きちんとした教育《きょういく》を受《う》けた看護師《かんごし》は、ほとんどいなかったからです。

面接試験《めんせつしけん》をしましたが、なかなかいい人《ひと》は見《み》つかりません。中《なか》には、お金《かね》がほしいというだけで、おうぼしてきた人《ひと》もいました。

けっきょく、教会《きょうかい》の女性《じょせい》や、病院《びょういん》で看護師《かんごし》をしていた人《ひと》など、三十八人《にん》をえらびました。

「みなさん。たいへんな仕事《しごと》ですけれど、がんばりましょうね。」

一八五四年《ねん》十月《がつ》二十一日《にち》、フローレンスは看護師《かんごし》たちをひきいて、ロンドンを出発《しゅっぱつ》しました。

船《ふね》や汽車《きしゃ》に乗《の》っての長《なが》い旅《たび》です。とちゅう、フローレンスは、看《かん》護師《ごし》たちの世話《せわ》を、こまごまとやきました。外国語《がいこくご》がわからずこまっていると、*通訳《つうやく》もしてあげました。

それにしても、これから向《む》かう戦地《せんち》の病院《びょういん》が、いったいどんなようすなのか、心配《しんぱい》でなりません。

（たくさんの病人《びょうにん》がいるらしいけれど、薬《くすり》や食《た》べ物《もの》は足《た》りているのかしら。）

そこで、フランスのマルセイユで、必要《ひつよう》になりそうなものを、自《じ》分《ぶん》のお金《かね》でいろいろ買《か》いそろえました。

じつはこれが後《のち》に、とても役立《やくだ》つことになりました。

＊通訳《つうやく》…ちがう言葉《ことば》を話《はな》す人《ひと》どうしのあいだに立《た》って、それぞれの言《い》うことをそれぞれの言葉《ことば》に変《か》えて伝《つた》えること。

13 スクタリの病院《びょういん》

一八五四年《ねん》十一月五日《いつか》、フローレンスたちは、トルコのス*クタリというところにあるイギリス軍《ぐん》の病院《びょういん》にとうちゃくしました。

病院《びょういん》は、海《うみ》から少《すこ》しはなれた丘《おか》の上《うえ》にある、四《よ》すみにとうが立《た》った、大《おお》きな建物《たてもの》です。

*スクタリ…今《いま》のユスキュダル。

急《きゅう》な坂道《さかみち》を上《のぼ》って病院《びょういん》にたどりつき、中《なか》に入《はい》ってみると、そまつな毛布《もうふ》がぎっしりならび、二千人以上《にんいじょう》もの患者《かんじゃ》がおしこめられていました。室内《しつない》はよごれ、トイレもおそろしくきたなくて、ねずみや虫《むし》がはいまわっています。

「なんて、ひどいところなのかしら。」

看護師《かんごし》たちは、早《はや》くも顔《かお》をしかめました。

戦場《せんじょう》のクリミア半島《はんとう》では、はげしい戦《たたか》いがつづき、けがをしたり病気《びょうき》になったりした兵士《へいし》が、ぞくぞくと送《おく》りこまれてきています。

しかし彼《かれ》らは、食器《しょっき》や着《き》がえの服《ふく》をとちゅうですてて戦《たたか》っていたので、何《なに》も持《も》っていませんでした。しかも病院《びょういん》には、必要《ひつよう》なものがまったくそろっておらず、シーツも食《た》べ物《もの》も薬《くすり》も、フォークもスプーンも、何《なに》もかもが足《た》りません。

きぼうをうしなった兵士《へいし》たちは、地元《じもと》の商人《しょうにん》からお酒《さけ》を買《か》っては、のんだくれているばかりです。

フローレンスは、病院《びょういん》にいる軍隊《ぐんたい》の人《ひと》たちに、いいました。

「わたしは、旅《たび》のとちゅうで、役《やく》に立《た》ちそうなものを買《か》ってきました。どうぞ使《つか》ってください。」

ところが、彼《かれ》らは、横《よこ》を向《む》いてこういうのです。

「受《う》けとる必要《ひつよう》などありません。」

「え？　でも……。」

「あなたは、この病院《びょういん》には、物《もの》が足《た》りていないとでも、おっしゃるのですか？」

そもそも、彼《かれ》らは、こう考《かんが》えていたのでした。

（軍隊《ぐんたい》に女《おんな》が入《はい》ってくるなんてとんでもない。兵士《へいし》たちの気《き》もちが、[*1]うわつくだけだ。看護師《かんごし》なんか、とっととイギリスに帰《かえ》ればいいのに。）

それに、彼《かれ》らにとって、物《もの》が足《た》りないとさわがれることは、つごうが悪《わる》かったのです。自分《じぶん》たちがきちんと仕《し》事《ごと》をしていないといわれ、それがイギリスにつたわったらこまります。

軍隊《ぐんたい》の医者《いしゃ》たちも、ろくに口《くち》も聞《き》いてくれません。

「あなたたちの手《て》つだいなど、いりませんよ。ここには手《て》つだいをする軍隊《ぐんたい》の人間《にんげん》たちが、たくさんいるんですから。」

さいしょのうちは、看護《かんご》の仕事《しごと》もさせてもらえませんでした。

そこでフローレンスは、まずは*2三角巾《さんかくきん》をおったりする作業《さぎょう》だけ、行《おこな》うことにしました。

すると、看護師《かんごし》の中《なか》には、ぶつぶつ文句《もんく》をいうものもいます。

「たいくつね。こんな仕事《しごと》をするために、わざわざイギリスから来《き》たわけじゃないわ。」

*1うわつく…心《こころ》が、落《お》ち着《つ》かなくなる。　*2三角巾《さんかくきん》…正方形《せいほうけい》のぬのをふたつにおって三角《さんかく》にした、ほうたい用《よう》のぬの。

それにしてもこの病院《びょういん》では、重《おも》い病気《びょうき》の人《ひと》が食《た》べる、やわらかくて消化《しょうか》のいい食事《しょくじ》が、まったく作《つく》られていないようです。

それを見《み》たフローレンスは調理場《ちょうりば》を作《つく》り、自分《じぶん》が旅《たび》のとちゅうで買《か》ったコンロやざいりょうで、病人用《びょうにんよう》の料理《りょうり》を作《つく》りはじめました。

看護師《かんごし》たちは、やっと自分《じぶん》たちの出番《でばん》が来《き》たとはりきります。

「では、さっそく患者《かんじゃ》さんたちに配《くば》ってきますね。」

しかしフローレンスは、こういって止《と》めました。

「食《た》べさせてもいいかどうか、お医者様《いしゃさま》に聞《き》いてからにしてください。」

看護師《かんごし》たちは、おどろきます。

「どうしてそこまでしなくちゃならないんですか？」

「かってに行動《こうどう》してはいけません。なんでもお医者様《いしゃさま》のゆるしをえてから行《おこな》うことにします。わたしたちが信用《しんよう》してもらうには、この方法《ほうほう》をとるのが、じつは近道《ちかみち》なのです。」

フローレンスは、ほかにも、決《き》まりを作《つく》っていました。

看護師《かんごし》のうち、教会《きょうかい》の女性《じょせい》たちは着《き》る服《ふく》が決《き》まっていますが、ほかの人《ひと》の服《ふく》はばらばらです。そこでその人《ひと》たちには、制服《せいふく》とぼうしを身《み》につけさせることにしました。すると、

「こんな、へんなぼうしを、かぶってどうするの？」

と*1不平《ふへい》をいう看護師《かんごし》がいたので、フローレンスは、説明《せつめい》しました。

「制服《せいふく》は、病院《びょういん》ではたらくときの*2身分証明書《みぶんしょうめいしょ》のようなものです。」

病院《びょういん》には、軍《ぐん》の人《ひと》についてきたつまなど、ほかの女《おんな》の人《ひと》も出入《ではい》り

*1不平《ふへい》…なっとくできず、不満《ふまん》に思《おも》って心《こころ》がおだやかでないこと。　*2身分証明書《みぶんしょうめいしょ》…学校《がっこう》や会社《かいしゃ》などが出《だ》す、その人《ひと》がその一員《いちいん》であることを明《あき》らかにしたもの。

していました。制服《せいふく》を着《き》ていれば、医者《いしゃ》や患者《かんじゃ》も一目《ひとめ》で看護師《かんごし》だとわかり、声《こえ》をかけやすくなるはずです。それに、必要《ひつよう》な物《もの》を倉庫《そうこ》からとってくるときなども、あやしまれずにすむのです。

それでも、文句《もんく》はやみません。

「だけど、デザインがひどいわ。」

「そうよね。かっこ悪《わる》いわよね。」

「病院《びょういん》はきたないし、決《き》まりはきびしいし、こんなところでは、とてもやっていけません。」

大《おお》ぜいの看護師《かんごし》たちをまとめる仕事《しごと》は、なかなかたいへんでした。

14 かつやくしたフローレンス

フローレンスたちがスクタリに着《つ》いたちょうどそのころ、戦場《せんじょう》でははげしい戦《たたか》いがつづいていました。何百人《なんびゃくにん》というけが人《にん》や病人《びょうにん》が、戦地《せんち》から船《ふね》に乗《の》せられ、次《つぎ》つぎと病院《びょういん》にかつぎこまれてきたのです。

病院《びょういん》の軍人《ぐんじん》や医者《いしゃ》は、あわてました。

「いったいどうしたらいいんだ！　寝《ね》かせる場所《ばしょ》がないぞ。」

「すぐに手術《しゅじゅつ》をしなければ！　だれか、手《て》つだってくれ。」

それまで「看護師《かんごし》はいらない」といっていた人《ひと》たちも、フローレンスたちに、やっと頭《あたま》を下《さ》げたのです。

「おねがいです。力《ちから》をかしてください。」

「わかりました。さあみんな、仕事《しごと》にとりかかるわよ。」

看護師《かんごし》たちは、ぬのにわらをつめ、急《いそ》いでねどこをたくさん作《つく》りました。走《はし》りまわって病人《びょうにん》たちの世話《せわ》をします。

フローレンスも、手術《しゅじゅつ》の助手《じょしゅ》をつとめました。

きょうふにふるえる兵士《へいし》の手《て》をにぎって、はげまします。

「きっと、よくなりますからね。」

病人《びょうにん》の数《かず》はさらにふくれあがり、薬《くすり》やぬのなど、必要《ひつよう》な物《もの》がまったく足《た》りません。

フローレンスが用意《ようい》してきたものは、ぜんぶ使《つか》うことになりました。しかし、あいかわらず、軍隊《ぐんたい》のしくみがうまくいっていなくて、必要《ひつよう》なものが、必要《ひつよう》な所《ところ》にきちんととどかないのです。

しかもそんなとき、あらしがクリミア半島《はんとう》をおそい、船《ふね》で運《はこ》んでいた物《もの》が海《うみ》にしずんでしまいました。

寒《さむ》い冬《ふゆ》がやってきても、兵士《へいし》たちの服《ふく》は、ボロボロのままでした。*1感染症《かんせんしょう》がはやり、けがをして病院《びょういん》に来《き》た人《ひと》が、病気《びょうき》にかかって死《し》んでいきます。医者《いしゃ》たちも、お手《て》あげのじょうたいです。

そんな中《なか》、フローレンスは、*2ひるむことなく、はたらきつづけました。足《た》りないものは、かけずりまわって買《か》い集《あつ》めてきます。イギ

*1感染症《かんせんしょう》…さいきん・ウイルスなど病気《びょうき》のもとが体《からだ》の中《なか》に入《はい》ってふえ、発熱《はつねつ》やげり、せきなど病気《びょうき》の症状《しょうじょう》がでる。人《ひと》から人《ひと》へうつる。

*2ひるむ…気力《きりょく》がぬけて、しりごみする。気《き》おくれする。

リスの人《ひと》たちからもらった寄付金《きふきん》や、自分《じぶん》のお金《かね》も使《つか》いました。

病院《びょういん》の人《ひと》たちは、こういいはじめました。

「何《なに》か必要《ひつよう》なものがあったら、ナイチンゲールさんに、たのみに行《い》こう。」

フローレンスは、病院《びょういん》のそうじにも手《て》をつけました。それまで、そうじをするかかりも、はっきり決《き》まっていなかったのです。デッキブラシやぞうきんを用意《ようい》し、病院《びょういん》ではたらく軍隊《ぐんたい》の人《ひと》たちに、てってい的《てき》にそうじをさせました。

女《おんな》の人《ひと》たちをやとって、病人《びょうにん》たちの服《ふく》のせんたくもさせました。ふけつだと、病気《びょうき》がひどくなることに、気《き》づいていたからです。

けれどもそこへ、また五百人《にん》もの患者《かんじゃ》が病院《びょういん》にやってくるという

＊寄付《きふ》…お金《かね》や品物《しなもの》をおくること。

知《し》らせが入《はい》ったのです。
もう病院《びょういん》には、場所《ばしょ》がありません。

「これ以上《いじょう》、もう無理《むり》だろう。いったいどうしたらいいんだ？」

みんながなげく中《なか》、フローレンスはいいました。

「それでも、なんとかしなくちゃならないわ。」

病院《びょういん》には、戦争《せんそう》でこわれてしまった部分《ぶぶん》があったので、お金《かね》を用意《ようい》して人《ひと》をやとい、急《いそ》いで修理《しゅうり》させました。

こうして、きたない船《ふね》におしこまれて運《はこ》ばれてきた五百人《にん》を、ぶじにむかえることができたのです。

せいけつなベッドに横《よこ》たわり、あたたかい食事《しょくじ》を受《う》けとった兵士《へいし》たちは、口《くち》ぐちにいいました。

「ここはまるで天国《てんごく》だ！」

15 女王様《じょおうさま》からの手紙《てがみ》

そのころ、イギリスのビクトリア女王《じょおう》は、シドニー・ハーバート大臣《だいじん》に、こうたのんでいました。

「ナイチンゲールから手紙《てがみ》が来《き》たら、わたしにも見《み》せてください。きずついた兵士《へいし》たちが、どうしているのか、心配《しんぱい》でならないのです。」

ハーバートは、いわれたとおり、手紙《てがみ》を女王《じょおう》に見《み》せました。

戦地《せんち》の病院《びょういん》のきびしいようすを知《し》った女王《じょおう》は、いてもたってもいられないような気《き》もちになりました。

そして、フローレンスに手紙《てがみ》を出《だ》しました。

「わたしにできることがあったら、なんでもいってください。」

フローレンスは、女王《じょおう》にこう返事《へんじ》を書《か》きました。

「それでは、おねがいがあります。病気《びょうき》にかかった兵士《へいし》は、給料《きゅうりょう》をたくさんへらされてしまっています。そうならないようにしていただけませんか。兵士《へいし》たちは、とてもこまっています。」

それまで、けがをした人《ひと》も、病気《びょうき》になった人《ひと》も、給料《きゅうりょう》の一部《いちぶ》がひかれることになっていました。しかし、けがをした人《ひと》より、病気《びょうき》になった人《ひと》のほうがずっとたくさんへらされていたのです。

フローレンスは、病気《びょうき》になった兵士《へいし》を安心《あんしん》させるため、このしくみをかえたいと考《かんが》えていました。

女王《じょおう》は、その手紙《てがみ》を読《よ》んで、うなずきました。

「ナイチンゲールのいうとおりだわ。すぐ改《あらた》めるようにいいましょう。」

この一言《ひとこと》で、ねがいは、すぐに聞《き》きとどけられました。

病人《びょうにん》の給料《きゅうりょう》は、大《おお》きくへらされずにすむようになったのです。

病気《びょうき》の兵士《へいし》たちは、大《おお》よろこびしました。

「ありがたい！　女王《じょおう》さまは、なんてやさしい方《かた》なんだ。」

そして、みんなでうわさしあいました。

「ナイチンゲールさんのおかげらしいぞ。すごい力《ちから》を持《も》った人《ひと》だな。女王様《じょおうさま》に手紙《てがみ》を出《だ》せるなんて。」

その後《ご》、国《くに》の*衛生委員会《えいせいいいんかい》の人《ひと》たちが、スクタリまでやってきて、病院《びょういん》の水道《すいどう》や下水道《げすいどう》までそうじしてくれました。

すると、病院《びょういん》はすっかりせいけつになり、病気《びょうき》で死《し》んでいく人《ひと》の数《かず》は、あっという間《ま》にへっていきました。

＊衛生《えいせい》…身《み》のまわりをせいけつにし、健康《けんこう》を守《まも》り、病気《びょうき》のよぼうをすること。

16 兵士《へいし》たちをはげまして

フローレンスは、毎日朝早《まいにちあさはや》くから夜《よる》おそくまで、はたらきつづけました。病人《びょうにん》がたくさん運《はこ》ばれてきた日《ひ》には、一日中立《いちにちじゅうた》ちっぱなしで、看護師《かんごし》たちに仕事《しごと》をふりわけます。

「あなたは、食事《しょくじ》の用意《ようい》をして。あなたは、倉庫《そうこ》からシーツを持《も》ってきて。」

八時間《じかん》もずっとひざをついて、兵士《へいし》に包帯《ほうたい》をまきつづけたこともありました。

夜《よる》ねる前《まえ》には、ランプを持《も》って、えんえんとつづく兵士《へいし》たちのベッ

ドを見回《みまわ》りました。ランプをおいてかがみこみ、兵士《へいし》のようすをたしかめると、また次《つぎ》のベッドにむかいます。

「ナイチンゲールさんが来《き》てくれたぞ。」

兵士《へいし》たちの中《なか》には、フローレンスのかげに口《くち》づける人《ひと》もいました。

フローレンスは、重《おも》いけがや病気《びょうき》の兵《へい》士《し》には、とくに手《て》あつく看護《かんご》しました。そばにいて病気《びょうき》がうつるかもしれないことも、まったく気《き》にしませんでした。こう決《き》めていたからです。

（患者《かんじゃ》さんを、ぜったいひとりぼっちで天国《てんごく》に行《い》かせたりしないわ。）

死《し》を目《め》の前《まえ》にして横《よこ》たわっている兵士《へいし》の手《て》をとり、話《はな》しかけます。

「あなたは、どこのご出身《しゅっしん》ですか？　ご家族《かぞく》は？」

「ロンドンの家《いえ》では、母《はは》がまっているんです。母《はは》に伝《つた》えてくれませんか。ぼくはさいごまで、お母《かあ》さんが大《だい》すきでしたよって……。」

「わかりました。かならずれんらくします。」

兵士《へいし》が息《いき》を引《ひ》きとると、フローレンスは、そのときのようすを、手紙《てがみ》でくわしく家族《かぞく》に知《し》らせるのでした。すると家族《かぞく》は、わざわざ手紙《てがみ》を送《おく》ってくれたことに、おどろき、かんしゃします。

「ナイチンゲールは、すばらしい。」

というひょうばんは、イギリス中《じゅう》に広《ひろ》まっていきました。

こうしてフローレンスは、体力《たいりょく》のつづくかぎり、がんばりました。つかれすぎて、服《ふく》を着《き》たまま、ベッドにたおれこむこともよくありました。

一番《いちばん》たいへんだったのは、自分《じぶん》をよく思《おも》わない人《ひと》たちと、うまくやっていくことでした。

病院《びょういん》の軍人《ぐんじん》や医者《いしゃ》たちは、看護師《かんごし》を受《う》けいれてはくれましたが、まだフローレンスのことを、にがにがしく思《おも》っていました。

フローレンスが、病院《びょういん》をよくすればよくするほど、自分《じぶん》たちの仕《し》事《ごと》ぶりがよくなかったことが、はっきりしてしまうからです。

「あいつがいると、じゃまだ！」

彼《かれ》らは、かげ口《ぐち》をいったり、いじわるをしたりして、フローレンスをおとしいれようとしました。

（でもわたしは、自分《じぶん》がしんじる事《こと》をやるしかない。）

フローレンスは、歯《は》をくいしばって仕事《しごと》をつづけます。

（ひどいことをいわれても、何《なに》をされても、気《き》にしないようにしよう。大事《だいじ》なことは、患者《かんじゃ》さんをきちんと看護《かんご》すること。それが、神《かみ》さまがわたしにあたえた仕事《しごと》なんだもの。）

17 クリミア熱《ねつ》

フローレンスは、スクタリの病院《びょういん》をさらによくしようと、いろいろな工夫《くふう》をしました。
病院《びょういん》に読書室《どくしょしつ》をもうけ、兵士《へいし》たちが好《す》きな本《ほん》を読《よ》めるようにしました。学校《がっこう》も開《ひら》き、合唱団《がっしょうだん》も作《つく》りました。
イギリスにお金《かね》を送《おく》るしくみも整《ととの》えました。すると兵士《へいし》たちは、それまでお酒《さけ》ばかり買《か》っていたのをやめ、そのお金《かね》を家族《かぞく》に送《おく》るようになり、しょうらいに希望《きぼう》をもちはじめました。
「これで、家族《かぞく》のくらしもよくなる。イギリスに帰《かえ》る日《ひ》が楽《たの》しみだ！」
病院《びょういん》のふんいきは、前《まえ》とはがらりとかわっていったのです。

また、病院《びょういん》を立《た》てなおしながら、こうも思《おも》っていました。

（そろそろ、ほかの病院《びょういん》のようすも見《み》てみたいわ。）

そこで一八五五年《ねん》五月《がつ》、船《ふね》に乗《の》り、戦地《せんち》のクリミア半島《はんとう》にある病《びょう》院《いん》に向《む》かいました。

するとそこでは、兵士《へいし》たちが、大《だい》かんげいしてくれました。

「あの有名《ゆうめい》なナイチンゲール様《さま》が来《き》てくださった！」

フローレンスをたいほうの上《うえ》にすわらせ、ゆりやらんの花《はな》をたくさんつんできて、こういいました。

「おすきな花《はな》をおとりください。」

フローレンスが、その花《はな》をぜんぶ受《う》けとると、

「ナイチンゲール！　ばんざーい！」

みんなで、ほめたたえてくれました。

ところがここでも、フローレンスをにくむ軍医《ぐんい》のなかまから、つめたいあつかいを受《う》けました。看護師《かんごし》のひとりから、

「あなたが来《く》るのもいいけれど、できれば女王様《じょおうさま》に来《き》てほしかったわ。」

と、ひにく*をいわれたこともありました。

この病院《びょういん》のしくみもやはりうまくいっておらず、建物《たてもの》もとてもふけつです。

（いったいどこから手《て》をつけようか。調理場《ちょうりば》かしら。）

フローレンスは、うでぐみをして考《かんが》えます。

ところが心《こころ》も体《からだ》もつかれていたためか、とうとう自分《じぶん》も病気《びょうき》にか

*ひにく…相手《あいて》の欠点《けってん》や弱《よわ》いところを、いじわるく遠回《とおまわ》しにいうこと。

かり、ある日《ひ》ばったりたおれてしまったのです。

クリミア熱《ねつ》とよばれる、おそろしい病気《びょうき》でした。

「たいへんだ！　ナイチンゲールさんが、たおれた！」

すぐに治《ち》りょうがほどこされましたが、うわごとをいったりして、命《いのち》があぶないじょうたいでした。

「あの人《ひと》まで、天国《てんごく》に行《い》ってしまうなんて……。」

兵士《へいし》たちの中《なか》には、悲《かな》しみのあまり、なみだを流《なが》した人《ひと》もいました。このニュースは、イギリスにもときどき、家族《かぞく》もみんな、心配《しんぱい》しました。

フローレンスは、きせきてきに、命《いのち》をとりとめることができました。しかしこの病気《びょうき》で、体《からだ》がすっかり弱《よわ》ってしまいました。

小《ちい》さな声《こえ》しか出《だ》せず、ろくに食事《しょくじ》もできません。そこで、またスクタリにもどり、しばらく安静《あんせい》にすごすことになりました。やっと仕事《しごと》ができるようになったのは、何《なん》か月《げつ》かたってからのことです。

そこへ、遠《とお》いイギリスからかけつけてきてくれた人《ひと》がいました。メイおばさんです。

「フローレンス！」

「……おばさま。」

二人《ふたり》は、だきあいました。

そのときのフローレンスは、かみを短《みじか》くきり、やせ細《ほそ》っていました。それを見《み》たメイおばさんは、なきくずれました。

「まあ、なんてこと。体《からだ》はだいじょうぶなの？　自分《じぶん》のことも、もっと大切《たいせつ》にしなくてはだめよ。」

「はい。でもやるべきことが、まだ山《やま》ほどあるんです。」

メイおばさんは、手《て》つだいの人《ひと》もつれてきていました。

「……ありがとう、おばさま。助《たす》かります。」

フローレンスは、スクタリから、ふたたびクリミア半島《はんとう》にもどり、次《つぎ》の病院《びょういん》の立《た》て直《なお》しをはじめました。

18 なつかしいふるさとへ

　そのころ、フローレンスはイギリスで、ますます有名《ゆうめい》になっていました。病院《びょういん》から帰国《きこく》した兵士《へいし》たちが、

「戦争中《せんそうちゅう》、天使《てんし》のようにやさしく看護《かんご》してくれた方《かた》がいた。」

とふれまわったため、国中《くにじゅう》の人《ひと》がフローレンスを「クリミアの天使《てんし》」とよび、そんけいするようになったのです。

「ナイチンゲールさんに、何《なに》かプレゼントをおくろう。」

と寄付《きふ》をよびかける集《あつ》まりが、あちこちで開《ひら》かれ、そのお金《かね》は、しょうらい看護師《かんごし》を育《そだ》てる学校《がっこう》を作《つく》るときに、使《つか》われることになりました。

しかしフローレンスは、こう思《おも》っていました。

（寄付金《きふきん》をもらえるのはうれしいけれど、こんな大《おお》さわぎになって、こまったわ。）

一八五六年春《ねんはる》、ようやくクリミア戦争《せんそう》は終《お》わりました。

フローレンスは、入院《にゅういん》している兵士《へいし》がひとりもいなくなるまで、病院《びょういん》にのこりました。

「やっと仕事《しごと》は終《お》わったわ。さあ、国《くに》に帰《かえ》りましょう。」

そして、目《め》だたないよう「スミス」というにせの名前《なまえ》を使《つか》って、イギリスに出発《しゅっぱつ》しました。とちゅうまでメイおばさんといっしょでしたが、最後《さいご》はひとりの旅《たび》です。

とうとう、なつかしいイギリスに入《はい》りました。汽車《きしゃ》のまどから見《み》える風景《ふうけい》は、戦地《せんち》とちがって、とても平和《へいわ》でした。駅《えき》につき、歩《ある》いていくと、家族《かぞく》が住《す》むやしきが見《み》えてきます。

「ただいま帰《かえ》りました。」

帰《かえ》ってきたむすめを、両親《りょうしん》とお姉《ねえ》さんは、なみだながらに出《で》むかえました。

「お帰《かえ》りなさい。ぶじでよかった……。」

家族《かぞく》たちも、フローレンスのはたらきぶりを、もちろんよく知《し》っていました。

「よくがんばったわね。体《からだ》はもうだいじょうぶなの？」

「ええ、ちょっとつかれましたけれど。しばらくは、またここでくらします。」

フローレンスはそのあとも、さわぎをきらい、ほとんど人前《ひとまえ》にすがたを現《あらわ》しませんでした。

しかしその年《とし》の九月《がつ》、ビクトリア女王《じょおう》に会《あ》いに、おしろへ出《で》むきます。女王《じょおう》はフローレンスを見《み》ると、にっこりとほほえみました。

「いつも手紙《てがみ》を読《よ》み、あなたの仕事《しごと》ぶりにかんしゃしていました。戦地《せんち》の病院《びょういん》は、ほんとうにたいへんでしたね。いったいどうして、あんなにひどいことになってしまったのでしょう。」

フローレンスは、軍隊《ぐんたい》の病院《びょういん》の悪《わる》い点《てん》を、落《お》ちついて説明《せつめい》します。

「まず、病院《びょういん》の建物《たてもの》がふけつすぎました。そのために、病気《びょうき》がはやってしまいました。それから、物《もの》がぜんぜん足《た》りなくてこまりました。」

それからも、何回《なんかい》か女王《じょおう》によばれて、自分《じぶん》が見聞《みき》きしたこと、思《おも》ったことを、つつみかくさず話《はな》しました。

ビクトリア女王《じょおう》は、フローレンスの頭《あたま》のよさに、感心《かんしん》しました。

「あなたはなんて、ゆうしゅうなんでしょう。それにくらべて、軍《ぐん》人《じん》たちは、なぜ同《おな》じことができなかったのかしら。もし軍隊《ぐんたい》にあなたのような人《ひと》がいてくれたら、どんなによかったでしょう。」

次《つぎ》の年《とし》の夏《なつ》、フローレンスは「陸軍《りくぐん》の保健《ほけん》に関《かん》する覚《おぼ》え書《がき》」を書《か》き、クリミア戦争《せんそう》でなくなった人《ひと》たちのようすについて、くわしくのべました。

この戦争《せんそう》では、けがで死《し》ぬ人《ひと》よりずっと多《おお》くの人《ひと》が、病気《びょうき》のために命《いのち》を落《お》としました。もともと軍隊《ぐんたい》では食事《しょくじ》の栄養《えいよう》が足《た》りない上《うえ》に、兵士《へいし》たちが送《おく》りこまれた病院《びょういん》が、ばいきんだらけだったからです。

その事実《じじつ》を、フローレンスはまるで、*統計学者《とうけいがくしゃ》のように、数字《すうじ》と図《ず》を使《つか》って、わかりやすくまとめました。むかし熱心《ねっしん》に勉強《べんきょう》した数学《すうがく》が、ここでも役立《やくだ》ちます。

その「覚《おぼ》え書《がき》」は、「軍隊《ぐんたい》に入《はい》るのは、死《し》にに行《い》くようなもの」とはっきりしめしていました。

*統計《とうけい》……人《ひと》・物《もの》・できごとについて、その特《とく》ちょうを数《かず》によって表《あらわ》したもの。

すると、おこったのが、軍隊《ぐんたい》の人《ひと》たちです。

「あんなものは、でたらめだ。」

と、自分《じぶん》たちのしっぱいを、かくそうとしました。

けっきょく「覚《おぼ》え書《がき》」は、数人《すうにん》に配《くば》られただけで、世間《せけん》に公表《こうひょう》されることはなかったのです。

（世《よ》の中《なか》を変《か》えていくことは、なんてたいへんなのかしら。）

フローレンスは、クリミア熱《ねつ》にかかってからというもの体《からだ》のちょうしが悪《わる》く、しかも「覚《おぼ》え書《がき》」など報告書《ほうこくしょ》をまとめる大仕事《おおしごと》をしたので、つかれはてていました。

久《ひさ》しぶりに会《あ》ったお母《かあ》さんやお姉《ねえ》さんとも、やはり考《かんが》え方《かた》が合《あ》いません。

「もっとのんびりくらせばいいのに。」

といわれても、フローレンスは、仕事《しごと》にうちこんでいたいのです。

思《おも》いつめたせいもあってか、とうとうその夏《なつ》、たおれてしまいました。食《た》べ物《もの》ものどを通《とお》らなくなり、紅茶《こうちゃ》だけ飲《の》んですごします。

「もうわたしをひとりにしてください……。」

家《いえ》を出《で》てくらしはじめましたが、それからも、体《からだ》がよくなることはありませんでした。部屋《へや》にずっと引《ひ》きこもり、おもにベッドの上《うえ》で手紙《てがみ》や本《ほん》を書《か》く仕事《しごと》をつづけました。

19 病院《びょういん》と看護師《かんごし》の本《ほん》

フローレンスは、クリミア戦争《せんそう》で知《し》ったことをもとに、つぎつぎと本《ほん》を書《か》きました。

一八五九年《ねん》には、「病院《びょういん》覚《おぼ》え書《がき》」と「看護《かんご》覚《おぼ》え書《がき》」を出版《しゅっぱん》しました。

「病院《びょういん》覚《おぼ》え書《がき》」の本《ほん》は、「病院《びょういん》は病人《びょうにん》に害《がい》をあたえてはならない」という書《か》き出《だ》しではじまっています。

フローレンスは、スクタリの病院《びょういん》があまりにもひどいじょうきょうだったので、あのような病院《びょういん》は二度《にど》と作《つく》ってはならないと、思《おも》ったのでした。

そこで、この本《ほん》では、理想《りそう》の病院《びょういん》とはどのようなものなのかを、くわしく説明《せつめい》しています。

病院《びょういん》は、患者《かんじゃ》がすごしやすく、健康《けんこう》をとりもどすことに役立《やくだ》ち、死《し》ぬ人《ひと》ができるだけ少《すく》なくなるようしっかり考《かんが》えてつくられるべきだ、とのべています。

そしてフローレンスは、のちに「ナイチンゲール病棟《びょうとう》」とよばれる病院《びょういん》の建物《たてもの》のたて方《かた》をていあんしました。

ひとつの病院《びょういん》を、いくつもの、べつべつの建物《たてもの》(棟《とう》)にわけ、それぞれの部屋《へや》の空気《くうき》が、ほかの部屋《へや》に流《なが》れこまないようにするのです。この形《かたち》だと、一《ひと》つ一《ひと》つの建物《たてもの》が安《やす》く建《た》てられる上《うえ》に、感染症《かんせんしょう》が広《ひろ》がりにくくなります。しかも、医者《いしゃ》や看護師《かんごし》が受《う》けもつ患者《かんじゃ》がはっきり決《き》まるので、目《め》がとどきやすいのです。

この本《ほん》には、きれいに書《か》かれた図面《ずめん》がのせられ、建物《たてもの》の大《おお》きさから、まどの場所《ばしょ》、料理《りょうり》やせんたくをする部屋《へや》の作《つく》り方《かた》、ベッドの置《お》き方《かた》まで、くわしく書《か》かれています。

フローレンスは、ゆうしゅうな建築士《けんちくし》のようでもあったのです。

このナイチンゲール病棟《びょうとう》は、その後《ご》、各国《かっこく》でたてられるようになりました。

そして「看護覚え書《かんごおぼえがき》」の本《ほん》には、看護師《かんごし》が何《なに》をすべきかが、くわしく書《か》かれています。

まどを開《あ》けて、しんせんな空気《くうき》や太陽《たいよう》の光《ひかり》を入《い》れること。

病室《びょうしつ》をせいけつにし、ちょうどよい温度《おんど》に保《たも》つこと。

患者《かんじゃ》にあった食事《しょくじ》をあたえ、患者《かんじゃ》の生《い》きる力《ちから》を引《ひ》きだすようにすること……。

このほかにもフローレンスは、物音《ものおと》を立《た》てないように気《き》をつけることや、患者《かんじゃ》のようすをしっかり観察《かんさつ》することなど、看護《かんご》の基本《きほん》となる教《おし》えをくわしく書《か》いています。

20 たくさんの看護師《かんごし》たちに見送《みおく》られて

一八六〇年《ねん》、フローレンスは、集《あつ》まった寄付金《きふきん》を使《つか》って「ナイチンゲール看護学校《かんごがっこう》」を開《ひら》きました。ゆうしゅうな看護師《かんごし》を育《そだ》てたい、というゆめが、とうとうかなったのです。

看護師《かんごし》を目《め》ざす学生《がくせい》たちは、*りょうに入《はい》り、一年間《ねんかん》みっちり勉強《べんきょう》しました。

またフローレンスは、軍隊《ぐんたい》の病院《びょういん》のしくみをかえる仕事《しごと》に、一八六一年《ねん》、やっと手《て》をつけることができました。反対《はんたい》する人《ひと》もいましたが、シドニー・ハーバートが味方《みかた》になってくれたのです。

＊りょう…学校《がっこう》や会社《かいしゃ》などが、生徒《せいと》や社員《しゃいん》などのためにもうけた、ともに生活《せいかつ》する住《す》まいのこと。

ところが彼《かれ》は、この仕事《しごと》のとちゅうでなくなってしまいました。

「もっともっと長生《ながい》きしてほしかったのに……。」

フローレンスは、しばらくショックで立《た》ちなおれなかったほどでした。

しかしフローレンスはそれからも、自分《じぶん》がやるべきだと思《おも》った、さまざまな仕事《しごと》に取《と》りくんでいきました。

とくに、看護師《かんごし》の教育《きょういく》には、熱心《ねっしん》でした。

看護学校《かんごがっこう》を卒業《そつぎょう》する生徒《せいと》には、自分《じぶん》でつとめ先《さき》の病院《びょういん》をさがし、おいわいの花《はな》たばをおくりました。

「いい看護師《かんごし》になってくださいね。」

仕事《しごと》でつかれている看護師《かんごし》を家《いえ》にまねいて、食事《しょくじ》をごちそうすることもありました。

「さあ、おすきなだけめしあがって。」

看護師《かんごし》たちが帰《かえ》るときには、おみやげのおかしをわたします。みんな、大《だい》かんげきです。

「ごちそうさまでした。また看護《かんご》の仕事《しごと》をがんばります！」

看護学校《かんごがっこう》を出《で》た生徒《せいと》は、アメリカやドイツなど世界各地《せかいかくち》で活《かつ》やくしたり、イギリス国内《こくない》ではナイチンゲール式《しき》の看護学校《かんごがっこう》を開《ひら》いたりしました。

フローレンスは世界中《せかいじゅう》の生徒《せいと》や看護師《かんごし》たちと、手紙《てがみ》のやりとりをしました。

手紙《てがみ》には、いろいろな教《おし》えを書《か》きのこしています。

「夜《よる》はたらく日《ひ》は、昼間《ひるま》はよくねて、食事《しょくじ》や運動《うんどう》の仕方《しかた》に気《き》をつけましょうね。」

「子《こ》どもたちが入院《にゅういん》している部屋《へや》を通《とお》るときは、かならず、ほほえんだり、うなずきかえしたりしてあげてください。」

「あなたたちは、進歩《しんぽ》しつづけてください。目標《もくひょう》を高《たか》くかかげてください。」

　そして、手紙《てがみ》の最後《さいご》にはかならず、

「わたしで役《やく》に立《た》てることがあったら、なんでもいってくださいね。」

と書《か》きそえるのでした。

　フローレンスは、当時《とうじ》イギリスが支配《しはい》していたインドの人《ひと》たちをすくう活動《かつどう》にもたずさわりました。

　また、イギリスのまずしい人《ひと》たちが入《はい》る「救貧院《きゅうひんいん》」を、よりよいものにしようと、がんばりました。

　けれども年《とし》をとると、だんだん横《よこ》になってすごすことが多《おお》くなっていきました。

　一九〇七年《ねん》には、イギリスで、*勲章《くんしょう》をおくられました。

＊勲章《くんしょう》…国家《こっか》や社会《しゃかい》につくしたことをたたえて、国《くに》が記念《きねん》としてさずけるしるし。

一九〇八年《ねん》には、ロンドンの名誉市民《めいよしみん》になりました。そして一九一〇年《ねん》、とうとう九〇歳《さい》で、ねむるようにこの世《よ》を去《さ》ったのです。

お葬式《そうしき》には、大《おお》ぜいの看護師《かんごし》が、バスに乗《の》ってかけつけました。

「ナイチンゲール先生《せんせい》、ありがとうございました!」

今日看護師《こんにちかんごし》は、看護《かんご》の専門家《せんもんか》、命《いのち》をささえる大切《たいせつ》な仕事《しごと》をする人《ひと》、としてみんなからそんけいされています。

そのかげには、フローレンスの長年《ながねん》にわたる努力《どりょく》があったのです。彼女《かのじょ》は、たとえどんな反対《はんたい》にあっても、それに負《ま》けず、自分《じぶん》がしんじる道《みち》を歩《ある》きつづけました。だからこそ、いろいろな仕事《しごと》をなしとげることができたのです。

それぞれの患者《かんじゃ》に合《あ》った看護《かんご》をすれば、その人《ひと》の生《い》きる力《ちから》を助《たす》けることができる。

フローレンスのこの言葉《ことば》は、看護師《かんごし》だけでなく、看護《かんご》をするすべての人《ひと》に向《む》けられていたことも、わすれてはならないでしょう。

しかしフローレンスは、死《し》ぬまでずっと目立《めだ》つことがすきではありませんでした。

おはかには名前《なまえ》をきざまないようにいいのこしたため、墓石《ぼせき》には「F《エフ》・N《エヌ》」というイニシャルだけが記《しる》されています。（おわり）

人《じん》物《ぶつ》について

ねばり強《づよ》くクールなナイチンゲール

髙橋《たかはし》うらら

子《こ》どものころ、ナイチンゲールの伝記《でんき》を読《よ》み、とても感動《かんどう》したことをおぼえています。きずついた兵士《へいし》たちを、つきっきりで看病《かんびょう》した彼女《かのじょ》を「やさしい人《ひと》だな」と思《おも》いました。

おとなになったわたしは今《いま》、「命《いのち》の大切《たいせつ》さ」を伝《つた》えようと、子《こ》どもの本《ほん》を書《か》いています。おさない日《ひ》に読《よ》んだその本《ほん》が、きっと大《おお》きくえいきょうしているにちがいありません。

ところが、今回《こんかい》、本《ほん》を書《か》くに当《あ》たってくわしく調《しら》べてみると、思《おも》いがけないことがわかりました。彼女《かのじょ》は、「やさしい」というよりは「ねばり強《づよ》い」人《ひと》でした。なにしろ、いつも何《なに》かに苦労《くろう》していたのです。

家《いえ》では、お母《かあ》さんやお姉《ねえ》さんと考《かんが》え方《かた》が合《あ》いませんでした。スクタリの病院《びょういん》では、軍隊《ぐんたい》の人《ひと》たちにじゃまをされ、なかまからも文句《もんく》をいわれました。しかしそのたびに、どうすればうまくいくかを考《かんが》え、ねばり強《づよ》くやりぬいたのです。

仕事《しごと》では、お父《とう》さんがほどこした高《たか》い教育《きょういく》が、おおいに役立《やくだ》ちました。数学《すうがく》が好《す》きだった彼女《かのじょ》は「理系女子《りけいじょし》」ではないか、とわたしは思《おも》っています。理系《りけい》女子《じょし》とは、算数《さんすう》や理科《りか》などの理系《りけい》の科目《かもく》がとくいな女《おんな》の人《ひと》のことです。軍隊《ぐんたい》の病院《びょういん》をよくするために、なくなった人《ひと》の数《かず》を調《しら》べ、図《ず》にまとめた彼女《かのじょ》でしたが、当時《とうじ》これだけのことをできる人《ひと》は、ほとんどいませんでした。落《お》ちついて数字《すうじ》をしめし、多《おお》くの人《ひと》を動《うご》かした彼女《かのじょ》は、じつにクールでかっこいいですね！

ナイチンゲールの人生《じんせい》をまとめたこの本《ほん》が、今後《こんご》みなさんの生《い》きる力《ちから》になることを、心《こころ》からおいのりしています。

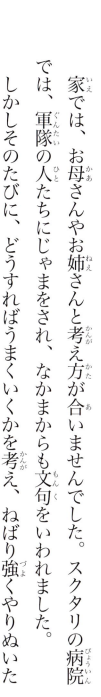

文　**高橋うらら**（たかはし　うらら）

東京都生まれ。日本児童文芸家協会理事。「命の大切さ」をテーマに、児童向けノンフィクションを中心に執筆中。著書に『左手がなくてもぼくは負けない！　カンボジア、地雷と子どもたち』（Gakken）、『シャンシャンと上野動物園パンダ物語』（フレーベル館）など。

絵　**朝日川日和**（あさひかわ　ひより）

香川県出身。児童書の挿絵等で広く活躍中のイラストレーター。主な作品に『10歳までに読みたい世界名作13巻　ひみつの花園』『エルフとレーブンのふしぎな冒険』シリーズ（Gakken）などがある。

監修　**和住淑子**（わずみ　よしこ）

ナイチンゲール研究学会副会長。千葉大学大学院看護学研究科博士後期課程修了。博士（看護学）。同大学附属看護実践研究指導センター教授をつとめ、看護高等教育政策・看護理論を研究。

監修　**山本利江**（やまもと　としえ）

ナイチンゲール研究学会会長。千葉大学大学院看護学研究科にて博士（看護学）取得。同大学において理論看護学の教授をつとめ、看護理論・看護技術論を研究。

参考文献／『フロレンス・ナイチンゲールの生涯上・下』（セシル・ウーダム・スミス著 現代社）、『ナイティンゲール その生涯と思想１～３』（エドワード・クック著 時空出版）、『人と思想 ナイチンゲール』（小玉香津子著 清水書院）、『ナイチンゲール』（長島伸一著 岩波書店）、『ナイチンゲール言葉集』（薄井坦子著 現代社）、『ナイチンゲール著作集1～3』（フローレンス・ナイチンゲール著 現代社）、『ナイチンゲール』（アンジェラ・ブル著 佑学社）、『ナイチンゲール』（パム・ブラウン著 偕成社）ほか。

やさしく読めるビジュアル伝記５巻

ナイチンゲール

2018年９月11日　第１刷発行
2023年11月13日　第９刷発行

文／髙橋うらら
絵／朝日川日和
監修／和住淑子　山本利江

装幀・デザイン／石井真由美（It design）
大場由紀　石坂光里
（ダイアートプランニング）

ナイチンゲール新聞　写真協力／ＰＰＳ通信社
Gakken写真資料
（ナイチンゲールの肖像写真）

発行人／土屋　徹
編集人／芳賀靖彦
企画編集／岡あずさ　松山明代　永渕大河
編集協力／上埜真紀子　有限会社オフィス・イディオム
ＤＴＰ／株式会社アド・クレール
発行所／株式会社Gakken
〒141-8416 東京都品川区西五反田2-11-8
印刷所／株式会社広済堂ネクスト

VEGETABLE OIL INK
この本は環境負荷の少ない下記の方法で製作しました。
●製版フィルムを使用しないCTP方式で印刷しました。
●一部ベジタブルインキを使用しました。
●環境に配慮して作られた紙を使用しています。

Brilliant Palette®

この本に関する各種お問い合わせ先
●本の内容については、下記サイトのお問い合わせフォームよりお願いします。
https://www.corp-gakken.co.jp/contact/
●在庫については　Tel 03-6431-1197（販売部）
●不良品（落丁、乱丁）については　Tel 0570-000577
学研業務センター
〒354-0045　埼玉県入間郡三芳町上富 279-1
●上記以外のお問い合わせは
Tel 0570-056-710（学研グループ総合案内）

NDC289　148P　21cm

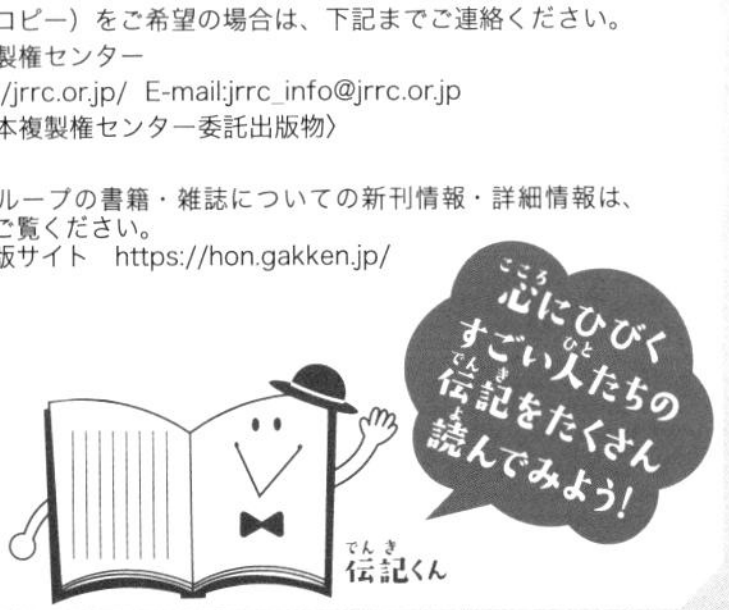

また会《あ》おう!